SAMOS
IKARIA
PHOURNOI
MYKONOS
PATMOS
Apollona
DENOUSA
NAXOS
LEROS
LEVITHA
KYNAROS
KALYMNOS
Panormos
Vlychada
Aigiali
AMORGOS
Katapola
KOS
IOS
Treis Klisies
Manganari
P. Vathy
ASTYPALAIA
Maltezana
Skala
THIRA (SANTORIN)
Monolithos
ANAPHI

1789

Elfriede und Gerd Radspieler

Freude am Segeln in den Kykladen

Die schönsten Segelreviere Europas

Stalling

Titelfoto: Gerd Radspieler
Gesamtherstellung: Gerhard Stalling AG, Oldenburg
ISBN 3-7979-1549-7
Printed in Germany

Inhaltsverzeichnis

Vorwort

Dieses Buch berichtet nicht von großen Abenteuern, sondern von ganz alltäglichen Ereignissen, von sehr persönlichen Begegnungen, die wir bei unseren Fahrten durch die Inselwelt der Kykladen hatten, und von Beobachtungen, die wir dabei machten. Genauso wie verschiedene kleine Erlebnisse einiger Jahre so zusammengestellt wurden, als hätten sie sich in einer einzigen Segelsaison ereignet, haben wir auch unsere Mitsegler in ihrem Erscheinungsbild ein wenig verfremdet. Wir bitten deshalb um Nachsicht und hoffen, daß viele unserer Freunde, die den Wunsch äußerten, von unseren Fahrten mehr als nur streng sachliche Informationen zu erfahren, in diesem Bild-Textband das ihnen schon bekannte Segelrevier mit Vergnügen wiedererkennen. Neulinge erhalten vielleicht manche Salzwasserdusche. Aber das soll die Neugierde auf diese Inselgruppe und auf dieses Seegebiet nicht schmälern, sondern eher ein Anreiz sein, die »Freude am Segeln in den Kykladen« selbst zu erleben.

Elfriede und Gerd Radspieler

Attikaküste

Wieder einmal sind wir in Griechenland. Haben wir es so in Erinnerung? Kaum liegt nach langer Reise vom Winterlager in Malta der Kanal von Korinth hinter uns, fängt das alte Übel schon wieder an: die Suche nach dem Liegeplatz. In Zea hat uns das Hafenpersonal bereits an der Einfahrt mit einem strikten »full, full« abgewiesen. Dabei wäre dieser Hafen ideal für die Versorgung von Boot und Crew. Wer dort seinen Liegeplatz hat, ist froh darüber, denn das innere Hafenbecken ist mehr als sicher. Zu einem einzigen Schiffspulk zusammengebacken, liegen die Yachten in der leider stinkenden Hafenbrühe. Auch in Tourkolimano sind die Sportboote dicht gedrängt, aber der Anblick wird durch frei ankernde, kleine Boote aufgelockert, und die Tavernen haben ihre Stühle bis an den Rand des Kais gerückt, so daß abends die Stimmung von einem Tisch zum anderen überspringen kann. Glyphada, Marina 4, ein Yachthafen reiht sich an den nächsten. Alle sind mit Dauerliegern gefüllt, so daß für Fremde nur wenig Platz bleibt. Ein Glück, daß die Liegeplatzinhaber im Sommer gelegentlich mit ihren Booten unterwegs sind und Gästen wenigstens dann ihre Bojen für eine Nacht überlassen.

In Kalamaki finden wir Platz. Die große, neue Hafenanlage platzt aber auch schon aus den Nähten. Zahlreiche Yachtcharterunternehmen haben hier ihre Basis. Während der Skipper die Kais abschreitet, um eventuelle Neuerungen zu entdecken, bringe ich den letzten Teakölglanz in die Kajüte. Bald werden unsere Freunde ankommen. Sie wollen mit uns segeln und einen Teil der Ägäis erkunden. Gerd und ich waren uns eigentlich einig gewesen, daß wir in Zukunft dieses Seegebiet meiden wollten. Lange genug hatten wir uns in den letzten Jahren hier herumgeschlagen, und in einem Anfall von Endgültigkeit verschleuderte Gerd damals sämtliche Ägäis-Seekarten. Nur einen Übersegler hatte er behalten, zur Erinnerung an die harten Tage, an die Flauten, an dieses unmögliche Segelrevier, wie er es nannte, in dem kein Verlaß auf Wind und Wetter sei. Aber mit diesem Übersegler hatte es wieder angefangen: Anfragen von Freunden, denen das Gebiet in rosigen Farben geschildert, denen durch überschwengliche Berichte der Mund wäßrig gemacht worden war, die das schaurig-schöne Gefühl auskosten wollten, ein gefährliches Abenteuer zu bestehen. Gerd gab Ratschläge und warnte sie. Und plötzlich waren die Erinnerungen gegenwärtig, verklärt durch den zeitlichen Abstand, plötzlich zog uns der rätselhafte Zauber, der von den windumtosten Inseln ausgeht, wieder in seinen Bann. Wir planten, bestellten Seekarten und wollten es – wieder einmal – wissen. Die »Moana«, unser gutes Boot, eine selbstgebaute Ferrozementketsch von zwölf Metern Länge, hatte sich in den letzten Jahren so wacker geschlagen, daß wir es mit ihr auch in der Ägäis wiederum riskieren konnten.

Jetzt reibt sie ihre Breitseite an einer Holzyacht, deren polnische Crew vor dem Start allerlei Schwierigkeiten zu bewältigen hat. Unter anderem nahm ein Unbefugter die zum Aufladen auf den Kai gestellte Batterie »aus Versehen« als Müll mit! Ein belangloser Vorfall, aber wie viele Wege und mühsame Erklärungen sind damit verbunden!

Das Flugzeug unserer Freunde ist erstaunlich pünktlich gelandet. Heinz, alter Jollensegler, schwingt seinen halbleeren Seesack über den Heckkorb. Er hat auch seinen Freund Dieter wieder mitgebracht. Die beiden haben eine Menge Segelabenteuer in verschiedenen Revieren gemeinsam erlebt. Wir freuen uns, daß sie da sind. Bald fühlen sie sich auf der »Moana« wie zu Hause. Sie bringen Neuigkeiten von daheim mit und berichten das Neueste aus der Politik. Über uns braust der Lärm der startenden Flugzeuge vom nahen Flughafen, ohrenbetäubend, jedesmal ziehen wir unwillkürlich den Kopf ein.

Natürlich haben sie wieder für das Taxi zuviel bezahlt, obwohl ich ihnen gesagt hatte, sie sollten die Uhr einschalten lassen; die zeigt dann nämlich nur ein Drittel des verlangten Fahrpreises an. »Ist doch egal«, meint Heinz. Nein, uns ist es nicht egal. Von den Taxifahrern öfter mit Erfolg probiert, bleibt es dann bei dieser Handhabung. Wenn die Touristen leichtfertig sagen: »Ist doch egal, ich habe nur einmal im Jahr Urlaub«, treiben sie selbst die Preise in die Höhe, über die sie sich dann wundern. Die Griechen, vor allem aber die Inselbewohner, verlieren dadurch völlig das Verhältnis zum Wert ihres Geldes. Viel oder wenig, es wird anscheinend widerpruchslos gezahlt.

»Hier ist's aber wirklich laut«, lenkt Dieter vom Thema ab. »Und heiß dazu«, pflichtet ihm Heinz bei. »Wann segeln wir los?«

Skipper Gerd ist von seinem Kontrollgang zurückgekehrt; nichts hindert uns am Auslaufen. Oder möchte jemand die Stadt Athen besichtigen? Die Akropolis, Museen, laute Plätze, stille Anlagen, die geschäftige Altstadt, Kirchen, Säulen, die Palastwache? »Das heben wir uns für den Schluß des Törns auf«, meinen unsere Gäste.

Die frische Brise vor dem Hafen lockt uns hinaus. Schnell noch ein paar Anweisungen: »Hier ist das Großfall, dort das Fall für die Vorsegel. Festhalten! Immer diese Motorbootfahrer!« Sie preschen mit voller Geschwindigkeit vorbei und aus dem Hafen.

Die Windrichtung ist günstig. Wir gleiten an der Apollonküste entlang. Die pausenlos landenden und startenden Flugzeuge werden kleiner, leiser, je weiter wir uns von Kalamaki entfernen.

»Was glaubst du, Gerd, wie weit werden wir auf unserem Törn durch die Kykladen kommen?« fragen Heinz und Dieter fast gleichzeitig.

»Das kommt auf den Wind an.«

»Nehmen wir einmal an, daß er gut sein wird. Könnten wir dann Ios und Santorin erreichen?«

»Erreichen schon, aber wie kommen wir wieder zurück? Auf den Wind kann man sich ja nicht verlassen. Wenn er für ein paar Tage einschläft, müssen wir womöglich die ganze Strecke zurück motoren. Jetzt im Mai ist erfahrungsgemäß der Meltemi noch nicht so ausgeprägt wie im Sommer. Ich schlage deshalb vor, daß wir uns erst einmal die westlichen Inseln Kea, Kythnos, Seriphos und Siphnos vornehmen und erst danach entscheiden, wieviel Zeit uns noch bleibt, und ob wir dann weiter nach Süden oder nach Osten fahren oder – wieder zurück.«

In der auf diese Rede des Skippers folgenden Pause liegt Enttäuschung. Die paar Seemeilen von Insel zu Insel. . . »Hört zu«, beginnt der Skipper noch einmal, »wir wollen nicht denselben Fehler machen wie viele Ägäisneulinge, die – begeistert vom günstigen Wind – zu weit nach Süden oder Osten kommen und den Rückweg unterschätzen. Für den Weg zurück nach Athen ist der Wind nämlich oft alles andere als günstig, und das Kreuzen kann zur Strapaze werden. Der Wind weht keineswegs immer genau aus Nord oder Nordost, er kommt auch mal Nordwest, und schon ist es mit allen Berechnungen vorbei. Meistens wird dann die Zeit knapp, so daß kein Ruhetag eingelegt werden darf, und statt fünf sind wir acht oder zehn Stunden unterwegs, womöglich ständig die Schnauze voll Wasser und nichts Vernünftiges im Magen, weil keiner unten etwas kochen mag. Und dazu noch zu wenig Schlaf.«

»So schlimm wird es hoffentlich nicht werden«, will Dieter einlenken. »Muß nicht, aber kann.« Damit setze ich einen Punkt hinter die gewichtige Rede des Skippers. »Jede der Inseln ist schön«, versuche ich zu trösten, »wir werden uns bestimmt nicht langweilen. Und baden wollt ihr schließlich auch, oder?« Dieses Stichwort läßt alle wieder vollauf zufrieden sein. »Und ob wir baden wollen!«

Für die erste Nacht laufen wir die Nobelmarina Vouliagmeni an. Strenge Sitten herrschen hier. Die Hafenpolizei überwacht Ankunft und Auslaufen. Bevor das Hafenpersonal uns einen Platz zuweist, müssen wir an der Wartetonne festmachen. Nach dem Bojenmanöver hängen wir zwischen spiegelblanken, weißen Motorbootwänden und schauen neidlos bewundernd vom niedrigen Segelbootsdeck zur nachts hell erleuchteten, gläsernen Vorhalle des Nachbarn hinauf.

Flugs werden wir ins Büro zitiert. Die »Moana« habe im vorigen Jahr den Hafen verlassen, ohne die Rechnung zu bezahlen. Wir sind sprachlos, denn im Vorjahr waren wir bei den Balearen. Eine andere Yacht gleichen Namens mußte also die Zeche geprellt haben. Wir finden irgendein Papier als Entlastungsbeweis. Außerdem heißt der Eigner anders, und es handelt sich um ein französisches Boot. »Sorry, sorry!«

Den Schreck in der Abendstunde müssen wir erst einmal hinunterspülen. Im Hafengelände prangt ein exklusives Restaurant. Während des Drinks studieren wir die Speisekarte und finden die Preise annehmbar. Nach dem vorzüglichen Mahl ist unsere Überraschung aber groß, als die Rechnung viel höher als vorhergesehen ausfällt. Wir vergleichen mit der Speisekarte und stellen fest, daß alles seine Richtigkeit hat. Die Speisekarte mit den niedrigeren Preisen, nach der wir bestellt haben, ist und bleibt unauffindbar.

Durch Funk hat sich der Inhaber unseres Liegeplatzes vorzeitig zurückgemeldet. Wir sollen den Platz wechseln. Da wir ohnehin auslaufen wollen, berührt uns dies wenig. Einigen Aufenthalt gibt es noch im Hafenamt. Die Formalitäten werden sehr genau genommen. Vouliagmeni ist schließlich ein Einklarierungshafen, ein Port of Entry. Genaue Stunde der

▷ *Ankerplatz Kap Sounion*

Abfahrt, Stempel, Unterschrift und der ausdrückliche Hinweis, daß wir die zweite Ausfertigung der Crewliste im nächsten Hafen abzugeben hätten. Wird gemacht, okay.

Am späten Nachmittag sind wir in der Bucht von Kap Sounion. Das ist ein freier Ankerplatz, ohne Hafenpolizei, und ein viel besuchter Treffpunkt von Freizeitskippern aus aller Herren Länder. Da hilft es dem alten Engländer nichts, daß er uns schon aus der Ferne kritisch durchs Glas mustert. Wir nähern uns seinem Boot, obwohl er hierhin und dorthin weist und uns am liebsten in der nächsten Bucht sähe, wo doch der Ankergrund viel besser sei. Wir kommen auch einem Schweizer bedenklich nahe, für den der Fall mit der lapidaren Frage: »Haben Sie eine gute Versicherung?« erledigt ist. Nach uns kommt noch ein gutes Dutzend Yachten an. Sie finden alle Platz, bringen mehr oder weniger glücklich ihre Anker aus und pilgern dann zum Tempel des Poseidon hinauf, um, wie viele hundert andere auch, ihre Aufwartung zu machen und dafür mit einem in den Farbnuancen unvergleichlichen Sonnenuntergang belohnt zu werden.

Zunächst aber müssen alle an der Kasse vorbei und ihr Pilgergewand von den Aufsehern begutachten lassen. Bikini und Badehose mit offenem, flatterndem Hemd darüber werden als unzureichend angesehen, und es entstehen jedesmal lautstarke Diskussionen, wenn der Eintritt verwehrt wird. Ein Ausländer, der in ähnlichem Aufzug den Kölner Dom betreten wollte, würde sicher ebenfalls abgewiesen. Obzwar seit langem christlich-orthodox, haben sich die Griechen eine ganz natürliche Ehrfurcht vor den Göttern des Altertums bewahrt, profitieren sie doch heute noch von der Gläubigkeit ihrer Ahnen. Schon die Lage der Tempel ist im allgemeinen dazu angetan, einen Hauch von Göttlichkeit zu vermitteln, der durch die Harmonie zwischen Natur und Menschwerk entsteht. So erhaben stehen die Reste des dorischen Tempels auf Kap Sounion – fünfzehn mächtige Säulen aus Marmor auf stabilem Fundament – in luftiger Höhe, als könnte ihnen ihr Alter von nunmehr über 2400 Jahren nichts anhaben. Welchen Kontrast dazu bilden viele Besucher, die nicht einfach stehen und schauen, sondern immer irgendwelche lächerlichen Posen einnehmen müssen.

Durch die Jahrhunderte mag das Heiligtum, das den südlichsten Felsvorsprung der Attikaküste krönt, weithin sichtbare Landmarke für die Seefahrt gewesen sein. Auch wir sind hier zum letzten Mal auf dem Festland, ehe wir uns auf die Kykladenfahrt begeben. Ein Rundblick von Kap Sounion läßt uns die Weite der Ägäis ahnen, in der die nächstgelegenen Inseln als zarte Konturen wahrzunehmen sind, die bald in der Dämmerung versinken werden.

Einen Moment lang schauen wir andächtig zu, wie die Sonne untergeht: Was wird die Ägäis uns diesmal bringen? Schrille Pfiffe reißen uns in die Wirklichkeit zurück. Mürrische Wächter treiben uns wie eine Viehherde aus dem Heiligtum hinaus. Sofort nach dem Sonnenuntergang wird das Tor der Tempelanlage geschlossen. Die Besucher strömen zu Bussen, Privatautos und Booten zurück.

Wir bringen Poseidon auf unsere Art noch eine handfeste Huldigung dar, indem wir eine Unmenge seiner Untertanen – Kalamares, knusprig frittiert – in der Strandtaverne vertilgen. Heinz und Dieter trinken dazu zum ersten Mal Retsina, den durch Harz konservierten Wein, dessen milde Sorte aus Halbliterflaschen ihnen gar nicht schlecht schmeckt. So läßt es sich leben, auch wenn die Tische mit umweltfreundlichem Packpapier statt mit einem Tischtuch gedeckt sind. Das hat den Vorteil, daß der Wirt darauf gleich die Rechnung aufstellen kann.

Kea

Unser nächstes Ziel ist die Insel Kea. Am Morgen weht leichter Wind. Wir segeln auf das südliche Kap von Makronisos zu und haben noch lange – allzu lange, wie uns scheint – den Poseidontempel von der Ostseite her im Blickfeld. Allmählich nimmt der Wind zu, wir können den Kurs auf das Kap Agios Nikolaos mit dem Hafen Leivadion (Korissia) gut anliegen. Die Insel Makronisos interessiert uns nicht, sie ist hoch und unzugänglich. Kea dagegen erscheint uns vielversprechend, obwohl sie auf den ersten Blick ebenso kahl aussieht. Aber beim Näherkommen erkennen wir Windmühlen, freilich längst außer Betrieb, sehen Terrassen und eine Anhäufung von weißen Tupfen inmitten der hügeligen Landschaft. Das ist Kea, unser erstes Kykladendorf auf dieser Reise. Die Küste aber zeigt sich unnahbar, und je näher wir der Insel kommen, desto ferner rückt der Leuchtturm auf der Einfahrtshuk. Einen Kreuzschlag werden wir machen müssen. Die Genua haben wir gegen die Fock ausgetauscht. Der Seegang nimmt zu. Schon kommen die ersten Spritzer übers Deck. Der Traum vom direkten Anliegen ist zu Ende. Bei der nächsten Wende stellen wir fest, daß wir kaum an Höhe gewonnen haben. Je näher wir der Küste kommen, desto mehr dreht der Wind, in für uns ungünstige Richtung. Wir müssen wieder weit hinauslaufen, um vom Land freizukommen. So geht es geraume Zeit. Es scheint, als kämen wir gar nicht vorwärts. Der Seegang baut sich schnell auf. Kurze, harte Seen setzen uns mit jedem Anklatschen ein Stück zurück. Zuerst haben wir uns genußvoll naßspritzen lassen vom herrlich sonnendurchschäumten Wasser. Aber die Abstände zwischen den kühlen Duschen werden kürzer, einer nach dem andern zieht seine Ölzeugjacke an. Sogar Heinz, vom Jollensegeln auf der Elbe nicht gerade verwöhnt, zieht sich unter das Spritzverdeck zurück. Der Skipper zerquetscht den ersten unchristlichen Fluch zwischen den Zähnen. Heinz und Dieter sind mehr erstaunt als erschreckt über diese plötzliche Naturgewalt, die uns umgibt.

»Wenn ihr wollt, laufen wir dort in die Bucht und warten ab, bis sich der Wind gelegt hat«, schlägt Gerd vor. Ormos Pisa und Ormos Kavia, die Buchten, die südlicher als der Hafen Leivadion liegen, sind gut zum Ankern geeignet, wenn das Aufkreuzen zu mühsam wird. »Ach nein, das schaffen wir schon«, meint Heinz, »ich sitze ziemlich trocken.«

»Was ist denn eigentlich los?« will Dieter wissen. »Der Wetterbericht hat heute morgen doch nur drei bis vier Windstärken gemeldet, aber wir haben jetzt sicher sechs.« Darauf Gerd: »Das kennen wir schon. Mußt du nicht so wörtlich nehmen.« Messen? Das lohnt sich nicht mehr, wir sind gleich in der Bucht. Wir müssen nur noch ein Stück auf den Leuchtturm zuhalten, bevor wir in die Bucht einschwenken, weil die hohen Seen und die Strömung uns stark nach Süden versetzen. Mit rauschender Fahrt laufen wir in die Bucht und bergen erst nach Abnehmen des Seegangs die Segel. Drinnen ist es ganz ruhig. Zwar kommen Böen über die Hügel, aber das Wasser ist nur noch leicht bewegt. Wir halten auf den Kai zu, an dem die Fähren anlegen. Keine andere Yacht ist hier. Ein Grieche winkt uns heran, nimmt die Leinen an und empfängt uns in deutsch mit den Worten: »Wo kommt ihr denn her, bei dem Sturm?«

Wir sehen betreten in die Runde. Sturm? Hatten wir etwa zuviel riskiert? Waren wir leichtsinnig gewesen? »Wieso Sturm«, fragt Dieter naiv, »ich denke, Mai und Juni sind die windärmsten Monate in der Ägäis.« Diesmal anscheinend nicht. Der hilfsbereite Grieche hat eine Taverne gleich am Kai. Mit seiner deutschen Frau ist sofort eine lebhafte Unterhaltung im Gange. In diesem Lokal mit dem Schild »United Europe« kehren wir später selbstverständlich ein.

Der Wind nimmt über Nacht merklich ab, so daß wir das Boot ohne Aufsicht lassen können, während wir am nächsten Tag die Insel besichtigen. Kea hat fruchtbare Talmulden, und wir haben das Glück, im Mai hier zu sein. Der Weg zur Chora, wie im allgemeinen der Hauptort jeder Insel genannt wird, ist mit blühendem Ginster gesäumt. Die nicht mehr bebauten Terrassen sind grün überwuchert. Wiesen breiten sich aus – eine blühende Pracht.

Das also ist das Dorf, das uns vom Meer aus so unerreichbar fern erschien. Es ist ein Kykladendorf wie viele andere auch: aneinander- und übereinandergebaute kleine Häuser, weiß getüncht, ineinander verschachtelt, durch überdachte Gänge miteinander verbunden. Treppenwege führen bergauf und bergab. Aber wie verschieden können diese Gassen aussehen, wie überraschend sind oft die Durchblicke!

Noch gehen wir mit einer gewissen Scheu an den offenen Hauseingängen vorbei. Zu nah kommen wir dabei den Bewohnern und ihrer Privatsphäre. Aber sie selbst kommen uns entgegen, indem sie stehenbleiben und unseren zaghaften Gruß aufmunternd erwidern. Kinder linsen um die Ecke, versuchen mit einem schüchternen »Hello!« den ersten Kontakt herzustellen, rufen dann, mutiger geworden: »Good morning!«, lachen uns im Chor hinterher: »Good morning! Good morning!« Wer weiß, von wem sie den Gruß gelernt haben, von einem Verwandten, der ins Ausland ging, oder von jemand, der unten am Meer in einem Hotel arbeitet. Allzu viele Fremde kommen nicht hierher, aber Yachten laufen in der Saison häufig die Insel an.

Wie wir zu diesem berühmten Löwen kommen, wollen wir wissen. »Leon«, das versteht jeder. Sie weisen uns den Weg in die Senke. Zuerst sehen wir den Löwen gar nicht. Er ist aus gewachsenem Fels herausgehauen und hat sich in den zweieinhalbtausend Jahren fast wieder der Umgebung angepaßt. Grau verwittert, schon ein wenig platt geworden vom Alter, lächelt er immer noch verschlafen vor sich hin, so milde, daß wir nicht verstehen können, warum sein Anblick die Nymphen von der Insel vertrieben haben soll. Er lag schon hier, als die Insel noch Keos und der Ort Iulis genannt wurden und Bakchylides, der Neffe des Dichters Simonides, Oden über seine Mitbürger schrieb, die in Olympia, Delphi und Isthmia als Athleten erfolgreich waren. Der Löwe lag hier, während ein anderes Bildwerk seiner Zeit jahrhundertelang aufrecht in der Erde stand. Vor fünfzig Jahren grub ein Arbeiter den marmornen Jüngling zufällig aus. Jetzt ist er im Archäologischen Museum in Athen als »Kuros von Kea« zu bewundern, und der Löwe liegt immer noch hier.

Keos war eine bedeutende Insel. Ihre Bewohner führten Silber und Erze aus. In der Seeschlacht von Salamis kämpften sie gegen die Perser. Die Insel gehörte dem Attischen Seebund an. Vier selbständige Stadtstaaten gab es auf Keos: Iulis, Koressia, Poiessa und Karthaia, die eigene Münzen in Umlauf brachten. Von Karthaia sind in der Polaisbucht noch Mauern und ein Tempelfundament mit Säulenresten erhalten. Zu wenig, um sich vorstellen zu können, wie dieser Tempel auf der dunkelblauen Marmorbasis mit seinen blendend weißen Säulen wirkte, als er noch Mittelpunkt einer lebendigen Stadt war.

In den Hafen zurückgekehrt, fragen wir uns nach der Ausgrabungsstätte der frühgriechischen Siedlung durch, die bei der kleinen Kirche Agia Irini zu finden sein soll. Am Ufer der Hafenbucht entlang bringt uns eine kleine Straße nach Vourkari, und siehe da! Wir entdecken nicht nur einen wunderbar geschützten Ankerplatz, sondern auch einen Kai zum Anlegen, dahinter Tavernentische unter blühenden Oleanderbäumen. Hier also haben sich die Yachten, die wir im Hafen vermißten, versteckt!

Im Mittelalter überließen die Bewohner von Kea ihren guten Naturhafen den Seeräubern und zogen sich in den Schutz der befestigten Chora zurück. Es war ihnen ganz recht, als die Venezianer 1207 die Insel besetzten und in Kea ein Kastell bauten. Trotzdem war die Insel dem Überfall des berüchtigten Chaireddin Barbarossa im Jahre 1537 nicht gewachsen. Nach kurzer Zugehörigkeit zu Naxos fiel sie 1566 an die Türken.

Seitdem ist viel Zeit vergangen, aber die Insel ist arm geblieben. Die Bergwerke sind ausgebeutet. Der Boden ernährt nicht alle Bewohner, also wandern viele junge Leute aus. Dies gilt auch für die anderen Kykladeninseln und erklärt, warum wir oft verschlossene Häuser antreffen, die langsam verfallen. Doch hofft jeder der Auswanderer, wieder in die Heimat zurückzukehren, sobald er genug für den Lebensabend verdient hat.

Auf Kea hatte sich im Altertum lange Zeit der Brauch gehalten, daß die alten Leute den Schierlingsbecher leerten, bevor sie, gebrechlich geworden, der Allgemeinheit zur Last fielen. Dieser Brauch ist gottlob vergessen. Eine andere auf den Inseln verbreitete Sitte wird aber heute noch gepflegt. Bunte Blumenkränze oder Sträuße hängen über den Hauseingängen. Wir fragen den Wirt nach der Bedeutung. »Die Leute haben nicht hinter dem Ofen gesessen, sie waren draußen und haben den Mai gefangen«, antwortet er uns lächelnd. Kränze und Sträuße schmücken noch lange Zeit die Häuser, während die Blüten auf den Wiesen schnell in der Trockenheit des Sommers verdorren.

Der kräftige Puster vor Kea scheint wirklich nur ein einsamer Vorläufer des Meltemi, dieses hartnäckig wehenden sommerlichen Nordwindes der Ägäis, gewesen zu sein. Der kommende Tag zeigt sich in strahlender Frische und – es ist Flaute. Wir beschließen deshalb, uns die Ostküste Keas anzuschauen, einen Abschnitt, der meistens wegen des auflandigen Seegangs schwer anzulaufen ist. Die Bucht an der Nordseite, Limin Orgias, einst Hafen für die Verschiffung von Erzen, ist ein zu nahes Ziel, obwohl der schöne Sandstrand und die geringe Besiedlung uns zu einem Aufenthalt gereizt hätten. Kalydonychi aber lassen wir nicht aus. Es liegt an der Ostseite Keas, und diese Bucht bietet bei ruhiger See einen guten Ankerplatz. Fruchtbar und lieblich ist das Hinterland. Von dem Fischerkaiki, das wie unsere »Moana« hier ankert, schallt laute Musik aus dem Radio herüber, eine endlose, weinerliche Melodie, endlos wie das Netz, das der Fischer immer wieder wendet, anhebt, ordnet, schüttelt.

▷ *Kea. Gasse in der Chora*

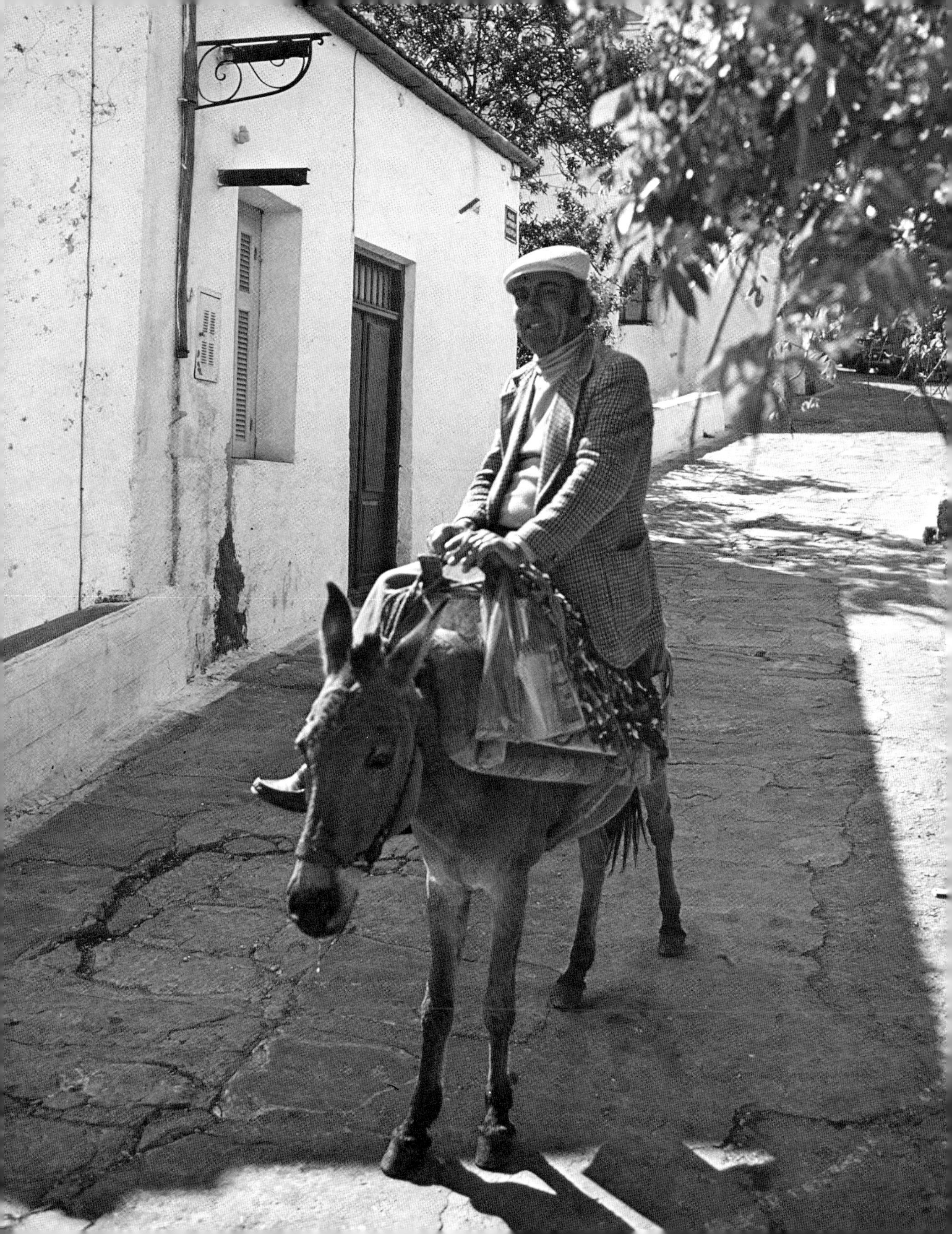

Hier wagt sich Heinz zum ersten Mal ins Wasser. Wir erkennen diese heldenhafte Leistung gebührend an. Das Meer ist nämlich im Mai noch recht kühl, vor allem, wenn vorher einige Tage lang der Wind geblasen hat. Auch im Sommer, wenn die Etesien wehen oder der Meltemi bläst, das sind zwei Namen für den gleichen Wind, ist nur das Wasser in sehr geschützten Buchten warm, weil dort der Wind das Oberflächenwasser nicht zu stark mit dem kühlen Tiefenwasser vermischt hat. Im Vergleich zu nördlichen Gewässern sind allerdings die Badetemperaturen in der Ägäis von Mai bis November durchweg angenehm.

Bald brechen wir wieder auf, und mit leichter Brise segeln wir nach Süden, vorbei an der zerfurchten Küste. Aus der kurzen Entfernung erkennen wir satte dunkelbraune und schiefergraue Farbtöne. Nirgends zeigt der Stein Bewuchs. Nur aus den schmalen Einschnitten, dort, wo bei Regen ein kleines Rinnsal ins Meer läuft, wachsen rosa blühende Oleanderbüsche.

Heinz äußerte den Wunsch, das antike Karthaia von See her zu besuchen. »Meinst du, Gerd, wir könnten dort schnell mal ankern?« Gerd ist nicht abgeneigt. »Heute müßte es eigentlich klappen. Wir haben keinen Seegang, außerdem braucht ihr ja nicht lange zu bleiben.«

Die Bucht zu Füßen des historischen Geländes ist nur schlecht geschützt, auch der Ankergrund ist nicht besonders gut. Der Skipper will vorsichtshalber an Bord bleiben. »Aber zieht euch feste Schuhe an«, rät er, »ihr müßt ganz schön durchs Gestrüpp klettern.«

Wir stehen auf der Tempelterrasse und sind von der Aussicht beeindruckt. Der kleine Strand geht in ein schmales, bepflanztes Tal über. Ein weißes Kirchlein steht auf der Anhöhe, und drüben, jenseits des fast unbewegten Meeres, sehen wir, in leichten Dunst gehüllt, die nächste Insel: Kythnos.

»Wie weit ist es bis Kythnos?« fragt Dieter. »Sieben Seemeilen bis zur Nordspitze«, antworte ich darauf.

»Es sieht aber sehr viel weiter aus. Wie kommt denn das?«

»Entfernungen zu schätzen ist in der Ägäis schwierig. Bei Windstille ist die Sicht durch die hohe Luftfeuchtigkeit manchmal so schlecht, daß man die Küste erst im Abstand von drei, vier Seemeilen wahrnimmt. Natürlich sieht man die Inseln besser, wenn man sich mit der Sonne nähert. Im Gegenlicht aber sind sie oft erst auf verhältnismäßig kurze Entfernung zu erkennen.«

»Also stimmt das gar nicht, was da immer zu lesen ist von der Klarheit des Lichtes?«

»Doch. Es stimmt schon. Vielleicht werdet ihr es noch auf diesem Törn erleben. Wir haben oft beobachtet, daß gerade bei starkem Wind die Sicht so klar ist, daß die Inseln zum Greifen nahe erscheinen, obwohl die Entfernung noch groß ist. Das ist auch der Grund dafür, warum Seglern die Fahrten oft so endlos lang vorkommen. Man sieht die Inseln vor sich und kommt und kommt einfach nicht hin.«

»Ich wollte es nicht glauben, als mir jemand erzählte, er hätte von Santorin aus Kreta gesehen, das sind doch bestimmt sechzig Seemeilen.«

»Das glaube ich schon. Vor allem nach starkem Wind, wenn die Luft sich merklich abgekühlt hat, wird die Sicht ganz klar.« Darauf Heinz, der Jollensegler von der Elbe: »Nebel gibt es hier wohl nie?« Dieter lacht. »Du brauchst gar nicht zu lachen«, sage ich, »es gibt tatsächlich manchmal Nebel hier. Wir haben ihn zum Beispiel einmal vor Kythnos erlebt, da trieften die Segel vor Nässe, und wir kamen uns vor wie in einer Waschküche. Das Eigenartige dabei war das irre Licht, denn es gab keine dicken Wolken am Himmel, und die Sonne konnte durch die relativ niedrige Nebelschicht dringen. – Nun müssen wir uns aber auf den Rückweg machen, damit wir heute noch nach Kythnos kommen. Ich habe ohnehin schon ein schlechtes Gewissen, weil unser Ausflug so lange dauert.«

Gerd hat inzwischen die ganze Bucht abgeschnorchelt. »Jetzt wird es aber Zeit, daß wir weiterkommen«, begrüßt er uns. Wir trinken nur schnell etwas, weil uns die Kletterei ganz schön durstig gemacht hat, dann gehen wir ankerauf.

Unterwegs schläft der Wind ganz allmählich ein, und wir müssen das letzte Stück motoren.

▷ *Kythnos. Bucht Stephanos an der Ostseite der Insel*

Wir laufen die Bucht Loutra an der Ostseite der Insel an. Der Ankerplatz vor dem Ort ist ziemlich offen. In der Seitenbucht Agia Eirini liegen wir sehr gut geschützt vor Anker. Hier könnte uns auch der Meltemi nicht viel anhaben. Dieter und Heinz sind begeistert. Die »Moana« ist das einzige Boot in der schlauchartigen Bucht. Auch unterwegs haben wir kein einziges Boot getroffen.

»Dich hat die Sonne schon ganz schön erwischt«, stellt Gerd fest, als er den hellhäutigen Dieter näher betrachtet. »Das kann ich gar nicht verstehen«, verteidigt sich Dieter, »so heiß war es doch gar nicht.«

»Der leichte Wind kühlt so angenehm«, belehrt ihn Gerd, »daß man gar nicht merkt, mit welcher Kraft der Stern auf uns herunterbrennt. Zusätzlich wird das Sonnenlicht vom Wasser reflektiert.«

»Als ob der Dieter das nicht längst wüßte«, mischt sich Heinz ein. »Ist ja nicht sein erster Törn, oder?«

»Also: gut eincremen und morgen ein Hemdchen anbehalten«, rät der Skipper trotzdem.

An diesem Abend sitzen wir noch lange in der Plicht und genießen die Stille ringsum, die nur durch das Rufen eines Steinkauzes unterbrochen wird.

Morgens um 06.30 Uhr hören wir den Wetterbericht des Athener Rundfunks. Er meldet wiederum zwei bis drei Windstärken und faßt dabei mehrere Vorhersagegebiete zusammen. Das läßt auf eine stabile Wetterlage schließen. In windreichen Perioden wird der Wetterbericht für jedes einzelne Gebiet gesondert durchgesagt, damit eine genauere Vorhersage möglich ist. Nach unserer Beobachtung weichen die vorhergesagten Werte allerdings in der Nähe einzelner Inseln oft genug von den tatsächlichen erheblich ab.

Wir haben also mit wenig Wind zu rechnen und sind uns einig, daß wir nur kleine Tagesstrecken zurücklegen wollen. Deshalb haben wir es nicht eilig, und bald nach dem Ankeraufgehen hat die »Moana« am neuen Ankerplatz den Bug wieder gegen den Wind gedreht. Die Crew setzt mit dem Beiboot nach Loutra über und freut sich schon aufs Einkaufen.

Auf dem kleinen Anleger für Fischerboote herrscht große Aufregung. Die halbe Bevölkerung des Ortes ist zusammengelaufen und betrachtet einen Hai von gut zwei Metern Länge, den Fischer außerhalb der Bucht gefangen haben. Jetzt sind sie damit beschäftigt, ihn auszunehmen, den Kopf abzuhacken, alle Teile abzumessen und zu wiegen. Das Aufsehen, das dieser Fang verursacht, läßt uns hoffen, daß wir Zeugen eines nicht alltäglichen Vorkommnisses geworden sind. Selbst vom Rumpf abgetrennt, macht der gewaltige Kopf mit dem gefährlichen Gebiß einen schauerlichen Eindruck. Die Haut ist rauh wie grobes Schmirgelpapier.

»Habt ihr denn schon öfter Haie gesehen?« fragt Dieter. »Natürlich haben wir schon Haie gesehen«, gibt Gerd zu, »beim Schnorcheln und Tauchen sehe ich immer mal einen kleinen Katzenhai oder auch Grundhaie. Aber ein so großes Exemplar ist mir lebend noch nicht zu Gesicht gekommen.« Noch eine ganze Weile dreht sich die Unterhaltung um den Hai. »Besonders bei glatter See haben wir gelegentlich eine Rückenflosse gesehen, konnten aber niemals feststellen, ob es sich um einen Hai oder um einen alten Delphin handelte, vielleicht um einen Einzelgänger, der gerade nahe an der Wasseroberfläche döste. Jedesmal, wenn wir uns einer solchen verdächtig aus dem Wasser ragenden Flosse näherten, tauchte der dazugehörige Hai oder Delphin weg.«

»In Zukunft werde ich dich, lieber Gerd, erst mal eine Runde schwimmen lassen, bevor ich ins Wasser steige«, sagt Dieter. »Das ist noch die Frage, wen wir auf dieser Reise eher entbehren können: dich oder den Skipper!« meint Heinz abschließend. Alle lachen, aber ein leichtes Gruseln kann ich doch nicht ganz verscheuchen.

Loutra soll schon im Altertum wegen seiner heißen Quellen besucht worden sein. Im Mittelalter wurde sogar die ganze Insel nach den warmen Bädern von Loutra »Thermia« genannt. Um die Mitte des vorigen Jahrhunderts ließ König Otto I. die Badeanlagen standesgemäß herrichten, denn seine Gemahlin nahm dort – leider erfolglos – ihre Kuren. Seitdem hat sich Loutra einen bescheidenen Ruf als Badeort erhalten. Die großen Gebäude lassen auf gute Einkaufsmöglichkeiten schließen, aber Loutra hat im Mai noch keine Saison. Lediglich ein nicht mehr ganz frisches Brot können wir in einem Hafencafé erstehen. »Altbackenes Brot ist viel gesünder«, meint Heinz, der aus allem das Beste macht.

»Eigentlich wollte ich an der Ostküste bleiben. Da gibt es eine ganze Menge schöner Badeplätze und auch eine Bucht, Agios Stephanos, die bei Nordwind absolut sicher ist«, klärt der Skipper die Mitsegler auf.

»Aber...«, will ich einwenden. »Ich weiß«, sagt Gerd, »wir müssen mal wieder einiges einkaufen. Deshalb fahren wir ums ›Nordkap‹ herum und gehen nach Mericha.«

»Baden wäre aber auch nicht schlecht«, knurrt Dieter, »wenn es schon nichts zum Segeln gibt.«

»Wart's ab!« verspricht Gerd, und jeder kann rätseln, ob er das Baden oder das Segeln meint. Vor Mericha gibt es nämlich eine verflixte Ecke, an der plötzlich Wind pfeift, auch wenn ansonsten fast Flaute herrscht. Dort hatte sich der Skipper vor Jahren versündigt, indem er Poseidon ganz unrühmlich beschimpfte: er wüßte vor lauter Alter nichts Besseres zu tun, als mit seinem Dreizack im Meer herumzuwühlen. Das hatte Poseidon sehr übelgenommen, und seitdem verfolgt er uns hartnäckig, sobald wir uns nur in der Ägäis blicken lassen. Ausgerechnet da, wo wir uns aufhalten, scheint der meiste Wind zu sein, mögen die Wetterpropheten in Athen noch so dickköpfig ihre Wettermeldungen herunterbeten, sie stimmen nicht, sobald dieser gotteslästerliche Skipper unterwegs ist. Ich habe die Differenzen zwischen dem vorhergesagten und dem von uns tatsächlich erlebten Wetter genau im Logbuch vermerkt. Auch in unserem Gästebuch steht manche Eintragung zu diesem Thema.

Diesmal kommen wir ausnahmsweise gnädig davon und biegen in die Bucht Angali Phykiada ein, die bei den Freunden große Begeisterung auslöst. Im Hochsommer herrscht hier freilich mehr Gedrängel als jetzt, denn im allgemeinen ist Kythnos das erste Ziel für Sportboote, die von Athen aus zu den Kykladen unterwegs sind. Selbstverständlich laufen auch Motoryachten die Kykladen an, denn die Entfernungen sind gering und mit Hunderten von Pferdestärken schnell zu überwinden. Aber wenn der Meltemi plötzlich einsetzt, sind sie wegen des hohen Seegangs, der sich hier sehr schnell entwickelt, oft tagelang im Hafen eingeweht.

Die griechischen Kaikia dagegen brauchen dank ihrer seetüchtigen Rumpfform und Bauausführung weder Wind noch Seegang zu fürchten. Mit einem kleinen Stützsegel und starker Motorkraft kämpfen sie sich so gut durch den Seegang, daß es eine Freude ist, zu sehen, wie der Gischt zur Seite spritzt. Oft sind diese widerstandsfähigen Fahrzeuge die einzige Verbindung zwischen den Inseln und dem Festland, weil der Liniendienst der Fähren eingestellt wird, wenn der Meltemi tagelang mit hohen Windstärken anhält. Wenn es nicht ganz so schlimm ist, verkehren zwar einige Fähren, laufen aber nicht alle Stationen regelmäßig an und treffen oft mit sehr großer Verspätung ein.

Am späten Nachmittag sind wir im Hafen Mericha. Der winkelförmige Kai ist rundum belegt. Mit viel Mühe und Glück finden wir eine Lücke zwischen zwei kleinen Booten und machen mit dem Heck am Kai fest. Nach uns kommt ein österreichischer Segler an. Er sucht lange und erfolglos einen Platz. Schließlich fragt er uns, ob er am Bug der »Moana« festmachen dürfe. Die Crew kommt so noch bei gutem Fotografierlicht mit dem Taxi zur Chora oder wenigstens zu dem hübschen Dorf Dryopis mit den vielen Windmühlen. Wir versprechen, auf das Boot zu achten, denn der Skipper will auch mit. Kaum sind die Österreicher fort, kommt der Hafenpolizist auf dem Moped daher und bedeutet uns, daß wir alle den Platz für die Fähre räumen müßten. Da helfen uns keine Erklärungen unter Zuhilfenahme von Händen und Füßen, er macht eine eindeutige Geste, daß auch wir verschwinden müßten. Wer bleibt schließlich gern im Schwenkbereich einer Fähre am Kai fest? Also bleibt uns nichts anderes übrig, als das österreichische Boot längsseit zu nehmen, gut abzufendern und festzuzurren. Dann legen wir ab und kreisen so lange mit unserem siamesischen Zwilling in der Hafenbucht, bis die Fähre abgefertigt und der Kai wieder frei ist.

Die Gäste des großen Hotels in Mericha sind bestens versorgt, so daß wohl keine Notwendigkeit besteht, gut sortierte Lebensmittelläden einzurichten. Ich könnte mir denken, daß die Sportbootfahrer gerne mehr einkaufen würden, wenn das Angebot besser und reichhaltiger wäre. Seit unserem letzten Besuch hat sich hier nicht viel geändert. Ungeachtet des harten Brotes, das wir in Loutra kauften und das ich unserem Gesundheitsapostel Heinz nicht vorenthalten möchte, besorge ich in Mericha frisches Brot. Es ist das weitaus beste, an das ich mich erinnern kann. In Griechenland brauche ich nur dem Geruch nachzuge-

▷ *Kea. Aus gewachsenem Fels gehauener Löwe (6. Jahrhundert v. Chr.)*

▷▷ *Kea. Blühende Wiesen im Mai*

hen, um die Bäckerei zu finden. In Mericha ist der Weg dorthin ein wenig uneben, und wer nicht hinfindet, der frage nach »psomi« oder »furni« (furnos = Backofen). Vielleicht gibt es deshalb in Mericha so wenig zu kaufen, weil das Brot so gut ist. Oft habe ich beobachtet, daß Griechen einen Kanten frisches Brot aushöhlen und ein wenig Olivenöl hineintun. Sicher schmeckt das besser als die Butter hier, die nach meinem Empfinden einfach ranzig ist, mag sie noch so frisch geliefert worden sein. Die griechische Margarine dagegen schmeckt ausgezeichnet.

Irgendwo habe ich über Kythnos gelesen, es gäbe »nichts zu sehen, nichts zu essen und nichts, was nach Hause zu schreiben sich lohnt.« Die Insel ist zwar unauffällig in ihrer Gestalt, ein mäßig hoher Buckel, im ganzen gesehen. Geologisch ist sie Kea ähnlich, aber nur dürftig bewirtschaftet. Die hier gezüchteten Maultiere sollen allerdings besonders kräftig sein. Doch uns ist Kythnos in guter Erinnerung, besonders Mericha, die große Hafenbucht, die in einen Sandstrand ausläuft und auch bei Meltemi guten Schutz bietet.

Die Fischer rücken an ihrem Kai immer mehr zusammen, damit Yachten Platz finden. In der kleinen Taverne unter den blühenden Ranken hilft die ganze Familie mit, das Essen zuzubereiten, und die Frau bringt uns schon beim zweiten Besuch ein Tellerchen mit selbstgemachtem Schafskäse als Willkommensgruß für – Stammgäste. In etlichen Lokalen ist inzwischen das Verhältnis zu den Gästen nicht mehr so herzlich, von einem zum anderen Besuch werden die Lokale größer, gepflegter und – unpersönlicher. Die Fremden fragen nach Langusten, also werden Langusten angeboten. Sie werden von Jahr zu Jahr etwas kleiner und sehr viel teurer. Dafür tragen die Kellner nun schwarze Hosen und weiße Hemden. Aber bei einer getrennt aufgestellten Rechnung geraten sie immer noch ins Schleudern. Denn es ist gar nicht so einfach, zwei Langusten in drei Rechnungen unterzubringen. Wir stellen in einem dieser Restaurants fest, daß entweder die Langusten beim Kochen an Gewicht zugenommen haben, oder aber der Ober sich irrt. Er scheint selbst untröstlich darüber zu sein, gibt sich dann aber geschlagen und würdigt uns bis zum Aufbruch keines Blickes mehr.

Den Abend beschließen wir in einem der Hafencafés mit einer Runde Ouzo, dem griechischen Anisschnaps, zu dem ein Glas eiskaltes Wasser und als Beigabe schwarze Oliven gereicht werden.

Siphnos

Auch am nächsten Morgen weckt uns strahlender Sonnenschein. Sofort nach dem Bordfrühstück wollen wir auslaufen. Schnell sind die Routinearbeiten erledigt, und wir motoren aus der Bucht von Mericha. Draußen erwartet uns ein schwacher Windhauch, wir setzen alle verfügbaren Segel und gleiten mit zwei Knoten Fahrt durchs Wasser an der Küste entlang. Es ist noch früh am Tag, und wir sind allein auf dem Meer. Der Tau, der über Nacht auf das Deck gefallen war, trocknet langsam ab. Dieter und Heinz legen sich aufs Vorschiff, um die Sonne dosiert zu genießen.

Allmählich nimmt der Wind zu und dreht im Laufe des Vormittags auf Nordwest. Gegen Mittag frischt er weiter auf, so daß wir an Seriphos vorbei gleich nach Siphnos laufen. Am frühen Nachmittag erreichen wir die Bucht Agios Georgios an der Nordspitze der Insel. Eigentlich wollten wir diese Bucht nur vorsichtig erkunden, da in der Seekarte dort kein Ankerplatz eingezeichnet ist. Schon die steilen Ufer an beiden Seiten der Einfahrt machen uns neugierig. Im inneren Teil der Bucht, hinter einem Landvorsprung verborgen, entdecken wir einen so zauberhaften Ankerplatz, daß wir beschließen, hier eine Zeitlang zu bleiben. Heinz und Dieter machen den Anker klar. Gerd fährt vorsichtig auf den Sandstrand zu, und auf fünf Meter Wassertiefe fällt der Anker. Beim Rückwärtsfahren können wir durch das klare Wasser genau sehen, wie der Anker sich eingräbt.

Agios Georgios. Hier gibt es keine Straße, ja nicht einmal einen Weg. Nur holprige Trampelpfade verbinden die einzelnen Häuser miteinander, die aus Bruchstein an die verkarsteten Abhänge gebaut sind. Jedes laute Wort hallt von der gegenüberliegenden Wand wider. Dadurch entsteht eine seltsam intime Atmosphäre. Jedes Lachen, jeder Ruf wird gleichzeitig vom ganzen Dorf wahrgenommen.

Bald schwojt die »Moana« sanft um den fest eingegrabenen Anker. Die von der Sonne aufgeheizten, kahlen Felswände ringsum in diesem Fjord strahlen besonders viel Wärme ab. Wir springen alle so schnell wie möglich ins kristallklare, warme Wasser. Schnaubend taucht der Skipper einen bauchigen Krug vom Grund hoch. Er hat zwar ein Loch, sieht aber sehr antik aus, weil er dicht mit Moos und winzigen Muscheln bewachsen ist. Wir wissen, daß solche Funde nur Ärger mit den Behörden bringen. Kann es möglich sein, daß sozusagen vor den Haustüren einer Siedlung leicht zugänglich Altertümer herumliegen? Bald erkennen wir weitere Krüge im Seegras, und uns ist klar, daß es sich um über Bord geworfene fehlerhafte Ware handelt. Später rudern wir mit dem Beiboot an Land und schauen uns diese abgelegene Gegend an. An einem der Häuser entdecken wir ein Schild, das auf den Verkauf von Keramik hinweist. Wir können uns nicht erklären, wie jemals Käufer in diese Bucht gelangen sollen. – Das Rätsel löst sich von selbst. Wir treffen zufällig einen jungen, blonden Mann. Er ist Deutscher und geht bereitwillig auf unsere Fragen ein. Von ihm erfahren wir, daß es in Kamarais, Vathy und Platys Gialos viele Töpferwerkstätten gibt. Daß Siphnos in großen Mengen Tonwaren ausführt, ist uns bekannt. In Georgios lebte früher die gesamte Einwohnerschaft von der Töpferei. Heute sind nur noch zwei Werkstätten in Betrieb. Allein die Beschaffung des Tons ist ein sehr mühsames Geschäft: Er wird mit der Hand aus dem Gestein geschlagen, von Eseln weit über steile Pfade getragen, in wiederholten Arbeitsgängen ausgeschwemmt und behandelt, und dies bei außerordentlichem Wassermangel. Schließlich ist das Material gebrauchsfertig, ein schwerer, glatter Teig. Der junge Mann arbeitet selbst in einer der beiden Töpfereien mit.

Er war schon in Frankreich und auf Kreta, um an Ort und Stelle das Töpferhandwerk zu erlernen. Hier auf Siphnos ergründet er die letzten Geheimnisse dieser Zunft. Sogar Doktorarbeiten seien schon über das besondere Herstellungsverfahren siphnischer Töpferwaren geschrieben worden, erzählt er uns. Er schildert die schwere Arbeit der Bevölkerung, die sich nicht auf das Töpfern allein beschränkt: Die Ziegen müssen versorgt werden, und die halten sich oft auf weit entferntem Gelände auf. Das Trinkwasser muß in Krügen von Quellen geholt werden. Außerdem müssen trockene Zweige von Hartlaubsträuchern gesammelt werden, die der Meister für den Brennofen benötigt. Wir erfahren, wie sorgfältig der Ofen zu behandeln ist, daß keineswegs jedes Stück gelingt und viele andere interessante Details.

Nach diesem Gespräch schauen wir die auf der Terrasse des Hauses ausgestellte Ware mit anderen Augen an. Wir sehen stabile Gebrauchskeramik, Gefäße für Ziegenmilch, große und kleine Henkeltöpfe, verspielte Schornsteinaufsätze und all den Kleinkram, der für die Touristen hergestellt wird. Aber der läuft im Vergleich mit dem Verkauf von anderen Töpferwaren nach Auskunft des jungen Mannes nur nebenher.

Die Ware wird im Boot nach Kamarais gebracht, zum vier Meilen entfernt liegenden Fährhafen. Von dort kommen im Sommer auch Ausflugsboote mit Badelustigen nach Georgios, die ein paar Stunden bleiben und bei der Gelegenheit auch das eine oder andere Stück kaufen. »Gibt es keine Straßenverbindungen zu den anderen Ortschaften?« frage ich. »Nein«, antwortet der junge Deutsche, »es führen nur steinige Eselspfade durch das dichte Gebüsch, aber man kann sich da schnell verlaufen, weil die Landschaft hier im Norden überall gleich öde aussieht. Bis Kamarais sind es dreieinhalb Stunden.«

Dreieinhalb Stunden für eine Strecke von fünfeinhalb Kilometern Luftlinie! Im Dorf gibt es nur Zisternenwasser, zum Kochen und zur Beleuchtung wird Flaschengas verwendet. Die eine der beiden Tavernen hat sogar einen kleinen Generator in Betrieb. Bei aller Bescheidenheit sind die Menschen fröhlich und aufgeschlossen.

Um die kleine Kapelle ist die ganze Gegend mit Weihrauch eingenebelt. Als wir uns nähern, bekennt sich sofort eine dicke Frau zur stolzen Aufseherin dieses Kirchleins. Sie hat die Türen weit geöffnet, damit der Rauch sich verbreiten kann, und ermuntert uns, einzutreten. Zu den zwei bereits brennenden Kerzen spendieren wir eine dritte. Die Münze dafür steckt die Frau in eine verschlossene Kassette. Sie will uns erklären, daß der kleine Kasten wegen der Touristen verschlossen ist, macht eine vielsagende Handbewegung, streicht mir gleich darauf über die Schulter, um

▷ *Siphnos. Die Töpferbucht Agios Georgios*

▷▷ *Paros. Kastell aus dem 13. Jahrhundert*

KEO
beer

deutlich zu machen, daß sie uns damit nicht meint. Also sogar hier, in diesem Dorf hinter den Bergen, haben die Fremden Mißtrauen gesät. Noch vor ein paar Jahren fanden wir alle Kirchen offen, mochten sie noch so abgelegen von der nächsten Ortschaft sein. Niemandem wäre eingefallen, sich an den Spenden in dem offenen Körbchen zu vergreifen. Heute sind die Kirchentüren selbst in Dörfern meistens verschlossen.

Obwohl die Bucht Agios Georgios nicht auf den Besuch von Sportbooten eingestellt ist, leiden wir keine Not. Die Taverne am Strand hat die nötigsten Lebensmittel vorrätig. Wir werden alle satt. Doch allmählich geht unser Vorrat an Frischwasser zur Neige. Wir müssen also diese schöne Bucht verlassen. Auf dem Weg nach Kamarais gestehen wir uns gegenseitig, daß wir gerne noch geblieben wären. Ich schaue lange zurück.

Kamarais, Fährhafen und Versorgungsstation für Sportboote, liegt in einer tiefen, nach Westen offenen Bucht. Von den starken Fallböen abgesehen, die bei Meltemi von den über vierhundert Meter hohen Bergen kommen, ist dies ein guter Anlegeplatz. Ein Wasserhahn befindet sich gleich am Kai, und in einigen Geschäften kaufen wir alles Nötige ein. Sehr bequem sind die Kafenia am Kai verteilt, so daß wir unter luftigen Tamarisken, unser Boot stets im Auge, so manche Stunde vertrödeln. Ein paar Schritte die seitlichen Treppen aufwärts können wir einen Blick in die nächste Töpferwerkstatt werfen, können in einem niedrigen, winzigen Laden irdene Mitbringsel auswählen.

Beim Wasserbunkern kommt Gerd mit dem Skipper des Nachbarbootes ins Gespräch, der einige Tips über Badebuchten und sonstige Häfen haben möchte. »Kamarais ist der einzige Hafen der Insel. Aber Buchten gibt es mehr als genug. Auf der Westseite, gar nicht weit von Kamarais entfernt, sind mehrere Küsteneinschnitte, die zum Baden geeignet sind. Zum Übernachten ist allerdings Ormos Vathy am sichersten«, gibt Gerd Auskunft.

»Dort waren wir schon«, sagt der Nachbar, »es ist landschaftlich sehr schön, aber sonst ist nicht viel los. Versorgungsmöglichkeiten sind keine vorhanden.«

»Lagen wieder recht viele Boote vor Anker?« fragt Gerd.

»Ja, aber es war genug Platz für alle da.«

Gerd überlegt, welchen Ankerplatz er empfehlen könnte. »Zwei Seemeilen südlich von Ormos Vathy liegt eine ebenfalls sehr schöne und auch sichere Bucht: Ormos Phykiada. Aber der urigste Ankerplatz auf dieser Seite der Insel ist ganz im Norden: Agios Georgios.« Prompt hat er doch unsere Neuentdeckung preisgegeben!

»Übrigens, können Sie mir sagen, wo man hier Diesel bekommt«, fragt Gerd den anderen, »immer noch bei der Tankstelle im Hauptort Apollonia?« »Ja, ja, immer noch«, seufzt der andere Skipper, »ich war vorhin gerade mit dem Bus dort.

Vorsichtshalber will Gerd zwei Kanister Diesel besorgen, denn falls der Wind weiterhin mäßig bleibt, brauchen wir noch eine Menge Treibstoff bis Paros. Heinz will ihn begleiten, und ich möchte auch noch ein bißchen mehr von der Insel sehen. Mit dem Taxi geht es die staubige Straße bergauf, bis wir den Ort und die Tankstelle erreicht haben. Während Gerd die Kanister füllen läßt, hat der Taxifahrer für die Rückfahrt ein älteres Paar einsteigen lassen, das zum Hafen hinunterfahren möchte. Das macht nichts, denn Heinz und ich wollen uns ohnehin noch die Gegend anschauen und die fünf Kilometer zu Fuß zurückgehen.

Apollonia liegt am Rand einer ausgedehnten Hochebene. Wir erkennen mehrere Ortschaften. Die Gegend macht einen fruchtbaren, wohlhabenden Eindruck. Täler ziehen sich gegen Osten bis zum Meer hinunter. Auf Terrassen wachsen unzählige Ölbäume, dazwischen Mandel- und Feigenbäume, auch Wein. Dies ist das andere Gesicht der Insel, die zur See hin fast ausnahmslos in steilen Felswänden abfällt. Sechzigtausend Ölbäume soll es hier geben – ein reicher Bestand, wenn man bedenkt, daß der nördliche Teil der Insel so dürr und fast ohne Vegetation ist wie rund um Georgios. Um so üppiger gedeihen Olivenhaine um Platys Gialos, der einzigen Bucht ohne felsige Ufer. Kein Wunder, wenn sich an diesem schier endlosen Sandstrand der Fremdenverkehr konzentriert.

Siphnos ist heute eine Insel mit bescheidenem Wohlstand – verglichen mit der Kargheit manch anderer Inseln. Die Basis für das Einkommen der Bevölkerung bilden wohl die Olivenbäume und das Vorhandensein der ausgezeichneten Tonerde, die zur Herstellung auch feuerfester Gefäße geeignet ist. Dazu kommt der Verkauf landwirtschaftlicher Erzeugnisse und anderer handwerklicher Fertigungen, wie zum Beispiel Stickereien und Wolldecken. Doch alle Einkünfte zusammen sind nur ein trüber Abglanz des Reichtums der Insel im Altertum. Damals nämlich hatte Siphnos ergiebige Gold-, Silber und Ockergruben. Die Ausfuhr der aus diesen Bergwerken geförderten Güter brachte so ansehnlichen Wohlstand mit sich, daß die Insel im 6. Jahrhundert v. Chr. in Delphi ein prächtiges, mit kunstvollen Reliefs versehenes Schatzhaus aus Marmor errichten lassen konnte. Ob der wirtschaftliche Niedergang der Insel tatsächlich in der Mißachtung eines Orakelspruchs zu suchen war, bleibt dahingestellt. Jedenfalls plünderten die aus ihrer Heimat vertriebenen Bewohner von Samos die Insel Siphnos, und die Stollen an der Ostküste stürzten ein. Seitdem stehen sie unter Wasser. Siphnos wurde von Byzantinern, Kreuzrittern und Venezianern beherrscht. Aber die Bevölkerung verstand es, aus jeder Lage das Beste zu machen. Selbst unter den Türken bewahrte sie sich eine gewisse Selbständigkeit. Lag das an ihrer Heiterkeit, an ihrem Witz? Noch heute fassen die Bewohner von Siphnos jedes Ereignis spontan in Reime und haben so ein Ventil für alle Widrigkeiten des Lebens. Oder lag es an der bis heute so auffallend milden Luft? Man sagt, daß noch vor zweihundert Jahren hundertzwanzigjährige und entsprechend weise Inselbewohner gar nicht selten waren.

Die Straße von Apollonia zum Hafen von Kamarais führt an einem trockenen Flußbett entlang, das in Terrassen abfällt. Oleandersträucher, reich verzierte Taubenhäuser und leuchtend weiße Kirchen in grüner Landschaft bleiben uns in Erinnerung.

»Nun wird's aber Zeit«, läßt sich der Skipper vernehmen, als wir endlich am Hafen ankommen. »Zu Fuß geht's eben nicht so schnell wie mit dem Taxi«, erwidere ich. Alle sind bester Stimmung. Wir lichten den Anker und segeln nach Süden. Der Wind weht wieder einmal nur schwach aus nordwestlicher Richtung. Als wir an der abschüssigen Felswand bei Vathy vorbeisegeln, erinnere ich Gerd an unseren ersten Besuch dieser Bucht vor Jahren: »Weißt du noch, als wir hier in stockdunkler Nacht einliefen?«

»Und ob! Damals stand kein Stern am Himmel, die Wolken hingen fast bis zum Mast herunter, und der Wind war nicht so sanft wie heute. Wir hatten ziemlich viel Fahrt, als wir uns der Einfahrt näherten.«

»Dann haben wir das Großsegel geborgen.«

»In stockdunkler Nacht?« fragt Dieter ungläubig. Darauf Gerd: »Nein, wir haben natürlich die Salingbeleuchtung eingeschaltet, damit nichts schiefgeht.«

»Von der Küste war nichts zu erkennen, nur die Brandung hörten wir, als wir dann langsamer wurden.«

»Dieses brave Leuchtfeuer war unsere einzige Hilfe. Die Lichter der Häuser konnten wir erst sehen, als wir schon die Einfahrt passiert hatten.«

»Die Einfahrt ist zwar breit genug, aber das konntet ihr ja nicht sehen«, überlegt Heinz. »Eben. Nur das Blitzfeuer da oben.«

»Ich kann mich nicht erinnern, daß wir jemals wieder so sehr nur auf ein Licht angewiesen waren«, sage ich. »Ich schon«, antwortet Gerd darauf, »aber da hast du sicher gerade geschlafen.« Da mag er recht haben, und ich bin froh darum. Sonst hätte ich sicher einmal mehr Angst gehabt. »Hier jedenfalls war es ganz schön spannend«, erinnere ich mich.

»Was glaubt ihr wohl, wie hoch der Leuchtturm steht?« läßt Gerd raten. Jeder sagt eine andere Zahl. Ich schlage im Leuchtfeuerverzeichnis nach: dreiunddreißig Meter. Meistens werden die Höhen vom Wasser aus unterschätzt.

Weil der Wind zum Segeln zu schwach bleibt, geben wir Paros für heute auf und laufen in die Seitenbucht von Ormos Pharos an der Südostseite von Siphnos ein. Dort wollen wir baden und kochen. Bei ruhigem Wetter ist das ein wunderbarer Ankerplatz. Zur Übernachtung ist Ormos Pharos selbst besser geeignet, der tiefe Kükteneinschnitt mit der Ortschaft im hintersten Winkel der Bucht. Unser Badeplatz hat außer gutem, sandigem Ankergrund auch noch eine kleine Sehenswürdigkeit: das Kloster Chrysopigi auf der gleichnamigen Insel. Wenn der Legende um diese Kirche Glauben zu schenken ist, war die Insel früher eine mit Siphnos verbundene Felszunge. Als einst ein paar fromme Mädchen Öl in den Ampeln nachfüllen wollten, wurden sie von lüsternen Piraten verfolgt. Hinter den Mädchen öffnete sich die Erde und verschlang die Bösewichte. Seitdem ist das Eiland nur über eine gemauerte Brücke zu betreten. Außerdem führt von der Kirche ein schneeweißer Treppenweg über das schieferfarbene Gestein bis ans Wasser hinab.

Heinz blättert in seinem Reiseführer und stößt dabei auf eine Erwähnung von Kastro, das in der Antike Asty hieß und Hauptstadt der Insel war. Prompt fragt

▷ *Paros. In der Nähe des Hafens von Naousa wird Fisch gegrillt.*

▷▷ *Fischer im Hafen von Paros*

er den Skipper, ob wir nicht dorthin segeln könnten. Gerd pfeift durch die Zähne. »Jetzt sind wir aber bald um Siphnos herum!«

»Warum auch nicht? Uns gefällt es hier. Oder bist du anderer Meinung, Dieter?« Der antwortet: »Mir ist's egal, ob wir noch ein Stück weiter die Ostküste raufschippern, die ist so schön, daß man sich gar nicht sattsehen kann.«

»Meinetwegen«, gibt Gerd nach, »aber beklagt euch nicht, wenn ich euch nachts aus der Koje treibe, falls Wind aufkommt. Kastro ist alles andere als eine sichere Bucht.« Und wirklich, der Ankerplatz unterhalb des höchst malerisch auf einer Bergkuppe thronenden Ortes ist ungeschützt, und auch der Ankergrund ist nicht gut. Ein bereits vor Anker liegendes, englisches Segelboot hat eine Leine zum felsigen Ufer ausgebracht, und das scheint auch für uns die beste Lösung zu sein.

Wir wechseln ein paar Worte mit den Nachbarn. Sie wollen quer übers Mittelmeer und anschließend in die Karibik. Und wir? Wir wollen durch die Kykladen, die über zweihundert Inseln umfassen, und haben diesmal glücklich drei davon geschafft. Aber ist es wirklich so wichtig, über weite Distanzen zu segeln oder zu motoren, möglichst viele Inseln zu sammeln? Drei Inseln, mit wachen Sinnen gesehen, das ist vielleicht mehr, als an fünfzehn vorbeigerauscht zu sein. Dazu gehört aber, daß man die Inseln betritt, auf ihre Hügel und Berge steigt, damit man sie nach Möglichkeit überblikken kann, daß man in die Dörfer geht und beobachtet, wie die Menschen dort leben, daß man über steinige Wege stolpert, den Duft der Phyrgana genießt, jenen unnachahmlichen Geruch nach herben Kräutern, den die warme Luft weiterträgt, und daß man den schrillen »Gesang« der Zikaden und das verlorene Bimmeln der Ziegenglocken hört.

Das sind Erlebnisse, die kein Reiseführer empfehlen kann, ein Nichts an Aktion und doch voller Leben: Während wir im Dorf nach Spuren der Geschichte suchen, beobachten wir, wie drei Männer mit Maultieren auf Kastro zureiten. Immer wieder werden sie von Büschen verdeckt. Sie feuern ihre Tiere an und kommen schließlich hinter der Kuppel einer Kirche aus unserer Sicht. – Von der Pracht der einstigen Hauptstadt der Inseln, die sogar ihre Verteidigungsmauern aus Marmor errichten ließ, ist kein Schimmer übriggeblieben. Hier und da entdecken wir ein in eine neue Mauer eingelassenes Bruchstück mit Inschriften oder ein als Balustradenstütze wiederverwendetes Kapitell.

Siphnos ist eine Insel ohne sehenswerte Baudenkmäler, aber es hat weiche Konturen und zarte Farben.

Paros

Der Skipper mußte seine Drohung, uns nachts bei aufkommendem Wind aus den Kojen zu scheuchen, nicht wahrmachen. Gut ausgeschlafen sitzen wir in der Plicht beim Frühstück. Danach versuchen wir, nach Paros zu segeln. Aber am Vormittag kommt der leichte Wind aus immer wieder anderen Richtungen. Ich weiß nicht mehr, wessen Idee es war, daß wir uns den Ankerplatz zwischen Despotiko und Antiparos ansehen sollten. Manchmal bringt eine kleine Unterbrechung wieder Leben in die Mannschaft, wenn sehr wenig Wind ist, das Segeln wenig Spaß macht und Sonnen oder Lesen die einzig möglichen Beschäftigungen sind. Wir bergen die Segel, bevor wir durch die Enge fahren. In der Seekarte ist die Wassertiefe sehr allgemein mit vier Metern angegeben, denn kein Berufsschiff wird diese Durchfahrt jemals benutzen.

Die »Moana« hat zwei Meter Tiefgang, und wir sind sicher, hier gut durchzukommen. Doch als wir auf allen Seiten durch das klare Wasser Seegrasbewuchs sehen, drosselt Gerd die Fahrt auf ein Minimum. Ich steige ein paar Tritte am Großmast hoch, und das war bisher immer ein schlechtes Omen: Ob unter der Brücke über den Neretva in Jugoslawien, zwischen den Seegrasbänken der Cala Addaya auf Menorca oder anderswo, jedesmal hatten wir Mast- oder Grundberührung, wenn ich aus der Höhe die Lage unter Kontrolle halten wollte. So auch dieses Mal. Wir kommen immer schwerer durch das wogende Seegras vorwärts und bleiben schließlich stecken. Nachträglich weiß es jeder besser: Wir hätten nicht weiterfahren sollen. Aber es hätte ja durchaus sein können, daß die Wassertiefe wieder zugenommen hätte. Wir kennen genügend solcher Beispiele. Jetzt umschließt das dichte Seegras den Kiel wie ein saugfähiger Schwamm. Also wieder runter vom Mast und den Großbaum ausgeschwenkt. Heinz ist ein Fliegengewicht, und Dieters Wammerl sieht wohl auch nach mehr aus, als es wiegt. Das Mittelgewicht des Skippers wird jedoch am Ruder gebraucht und am Schalthebel, um im richtigen Moment Gas zu geben. Kurz und nicht gut: Wir drei schaffen es nicht, die »Moana« so weit zu krängen, daß der Kiel freikommt. Wir müssen es also anders versuchen. Wir heben den Anker ins Beiboot, wollen ihn ausfahren, die Ankerleine am Großfall befestigen und das Fall über Winschen so kräftig holen, daß unser Boot die gewünschte Schräglage erhält.

Von einem Fischerkaiki aus werden wir schon eine ganze Weile lang beobachtet. Es umkreist uns zunächst in einiger Entfernung, dann bietet uns der Fischer Hilfe an. Die vorsorgliche Frage Gerds nach dem Preis wird mit einer abschätzigen Handbewegung abgetan. Das Herausschleppen geht ohne Probleme vonstatten. Wir bedanken uns entsprechend überschwenglich und reichen außer ein paar Schachteln Zigaretten noch einige hundert Drachmen hinüber, die von dem Fischer und seinem jungen Gehilfen schließlich strahlend angenommen werden. Zu unserer Rechtfertigung zeigen wir dem Griechen die Seekarte, die er kopfschüttelnd mit »No, no, oichi« begutachtet und mit einem ganzen und einem halben Finger zu verstehen gibt, daß die tatsächliche Wassertiefe streckenweise nur anderthalb Meter beträgt.

Unsere Neugier auf den Ankerplatz ist durch diesen Zwischenfall erst recht gewachsen. Um dorthin zu gelangen, müssen wir nun um das unbewohnte Eiland Despotiko herumlaufen. Von Süden her gibt es keine Schwierigkeiten mit der Wassertiefe. Aber jetzt, da wir ihn nicht mehr brauchen, ist plötzlich der Wind da. Zwar sieht es hier sicher nach mehr Wind aus als draußen tatsächlich weht, weil er durch die Enge zwischen den Inseln verstärkt wird, aber wir fühlen uns in der Abdeckung von Antiparos sicher.

Erneute Ängste wegen Grundberührung stehe ich aus, als wir die Durchfahrt zwischen Paros und Antiparos in nördlicher Richtung passieren. Mit Segeln ist da nichts zu machen. Es wäre am besten, Heinz einen Schnorchel zu geben, ihn vorwegschwimmen zu lassen und zu bitten, in kurzen Abständen die Wassertiefen auszusingen. Ich stelle es mir ganz lustig vor, ihn immer wieder auftauchen zu sehen und zu beobachten, wie er das Wasser aus dem Schnorchel bläst und aufgeregt »drei Meter!« – »zwei Meter fünfzig!« ruft. Ich verzichte auf die Mastbesteigung und stelle mich lieber mit dem Handlot am Bug bereit. Schauen, peilen, schätzen, loten. Und eher als vermutet liegen wir bei Antiparos sicher vor Anker. Dieser Ort am Hafen – oder wie soll ich die Ansiedlung bezeichnen? – ist mir im Gedächtnis wie ein großer Bahnhof. Pausenlos kommen Ausflugsboote an oder legen ab. Auch in der einzigen Gasse ist alles in Bewegung: hin zum Strand oder zur Tropfsteinhöhle, zurück zum Boot oder in das Selbstbedienungslokal, dem zur vollständigen Ungemütlichkeit eigentlich nur ein Fließband fehlt. Hier hält es uns nicht lange. Schnell versuchen wir, mit dem Telefon, das außen am Kiosk steht, zu Hause anzurufen. Es gibt keine dringende Notwendigkeit zu telefonieren, aber es ist ein amüsantes Spiel: »Hallo, Oma . . . schönes Wetter in Antiparos! . . . Du weißt nicht, wo Antiparos ist? Neben Despotiko! Auch noch nicht gehört? Mitten in der Ägäis! . . . Was wir hier machen? Na, segeln . . . oder besser gesagt: Klippen abzählen, ja . . . noch ein gutes Dutzend bis zum Hafen Paros.« Klick – die Verbindung ist unterbrochen.

Ein Telefon mitten in der Wüste – in unserem Fall in der Wasserwüste –, wer kann da widerstehen! Telefonieren ist auf den griechischen Inseln Glückssache. Es kommt vor, daß die Verbindung schon beim ersten Mal hergestellt ist, aber manchmal haben wir den Eindruck, als ob gar keine Fernleitung angeschlossen sei, so zwecklos erweisen sich ungezählte Versuche. Schnell gewählt, langsam gewählt, Pause nach der Auslandsvorwahl; keine Variation bringt Erfolg. Heiß ist es in den Kabinen der Telefonämter. Erklärende Blicke nach draußen, wo noch andere warten: Einmal will ich es noch versuchen, dann dürft ihr rein! Ha! Jetzt endlich das richtige Rufzeichen am anderen Ende der Leitung. Einmal, zweimal, nochmal, nochmal – niemand zu Hause! Bitte der Nächste.

Am angenehmsten telefoniert es sich in einem Café; denn wenn es da mit der Verbindung nicht gleich klappt, so ist doch wenigstens ein kühles Getränk erreichbar. Die in Lizenz hergestellten griechischen Biere sind ausgezeichnet, und wer hier unbedingt ein Pilsener Urquell bevorzugt, ist entweder ein Snob oder hat zuviel Taschengeld. Besonders sorgfältig behandelt

▷ *Paros. Fruchtbare Felder im Inselinneren*

werden nämlich alle Sorten – nicht. Speiseeis kann man auf den Inseln ohne Bedenken schlecken. Es kommt – mit wenigen Ausnahmen – aus einer steril gehaltenen Fabrik und wird so tief gefroren verkauft, daß Bakterien keine Überlebenschancen haben, ja, daß die Geschmacksnerven beim Eisgenuß gleich mit absterben. Um das zu erreichen, ist ein enormer Energieaufwand nötig, denn meistens stehen die Eistruhen den ganzen Tag über in der prallen Sonne.

Weil der Wind am Nachmittag wieder zugenommen hat und genau in die Durchfahrt bläst, machen wir uns schnell auf, um in den Hafen Paros zu kommen. Sollte der Wind nämlich anhalten, dann kommen wir womöglich lange nicht mehr aus der Mausefalle Antiparos heraus. Dann baut sich über dem unebenen Grund ein Seegang auf, der »tost und schäumt wie ein Mühlbach«, so hat es ein Kenner ausgedrückt.

Mir tut jeder leid, der in diesem Gebiet nur mit einem Übersegler unterwegs ist. Einzige Rettung wäre dann die sogenannte Hecklaternennavigation, das heißt in diesem Fall, einem Ausflugskaiki hinterherzufahren. Aber vorher sollte man den Kapetan fragen, wie groß der Tiefgang seines Bootes ist; denn diese wendigen Holzboote sind in der Regel so flach, daß sie über Untiefen donnern können, während uns Seglern, an einen tiefreichenden Kiel gewöhnt, der Atem stockt. Geübten Schärenfahrern mag meine Klippenangst lächerlich erscheinen. Aber von den Seegebieten vor Schweden und Norwegen gibt es phantastische Seekarten, in denen vielfältige navigatorische Hilfsmittel, wie Baken, Tonnen, Spieren und Feuer, eingezeichnet sind, die Skipper einzeln nacheinander abhaken können. Welcher griechische Fischer meldet aber der zuständigen Behörde den Untergang seines altersschwachen Kahnes, dessen Mastspitze nur wenig unter der Wasseroberfläche bleibt? Ganz abgesehen davon, daß die Meldung bis zum Deutschen Hydrographischen Institut vielleicht länger brauchte als der endgültige Verfall des gesunkenen Bootes.

Wieder in tieferem Wasser, kommen uns die unvermittelt aus dem Meer aufsteigenden schwarzen Felsklippen, die verstreut vor Paros liegen, weniger gefährlich vor als das letzte Stück, das hinter uns liegt.

Im Hafen Paros ist ein ständiges Kommen und Gehen von Linienschiffen und Nahverkehrsbooten. Das bringt viel Unruhe an die Kais. Wir sind dabei, ein perfektes Anlegemanöver zu zelebrieren. Ja, was ist denn da los? Der Rückwärtsgang geht nicht mehr raus! Kurz darauf rumpelt unsere »Moana« unsanft mit dem Heck an den Kai. Sobald wir fest sind, untersucht der Skipper die Gangschaltung und stellt fest, daß sich durch das viele Motoren in den letzten Tagen und durch die große Hitze im Motorraum das seewasserbeständige Fett auf dem Gestänge der mechanischen Schaltung zu früh verflüchtigt hat. Nun blockiert die Schaltung. Der Schreck war groß, aber der Schaden ist zum Glück nur klein. Durch den Aufprall ist ein Stück Spachtel am Heck abgeplatzt, das ist alles. Gerd kann das leicht selbst ausbessern.

Zunächst sind Heinz und Dieter neugierig auf die Stadt, über die wir sie vorher schon ein wenig informiert haben.

Paros ist alter Kulturboden, mehrere Siedlungsschichten verschiedener Epochen liegen übereinander. Es gehört schon große archäologische Findigkeit dazu, allein die in ihrem Alter unterschiedlichen Stadtmauern der richtigen Entstehungszeit zuzuordnen. Fundamente von Kykladenhäusern, dreitausend Jahre und älter, Reste einer Akropolis, wiederverwendete Bauteile von Heiligtümern, mittelalterliche Burgruinen – da scheinen Jahrhunderte keine Rolle zu spielen und auch keine Tabus zu bestehen. Was die Baumeister der venezianischen Festung sich da geleistet haben, grenzt an Blasphemie, so will es uns heute wenigstens scheinen, denn sie fügten nicht nur – wie vielerorts geschehen – antike Bauteile in die Mauern ein, sondern stapelten marmorne Säulenteile und Quadern gleich tonnenweise übereinander. Kaum hatten die Machthaber von Naxos im 13. Jahrhundert auch Paros zu ihrem Besitz erklärt, führten sie diese Burg auf. Dabei kamen ihnen die Ruinen archaischer Tempelanlagen sehr zustatten.

Marmor gibt es auf Paros im Überfluß, man brauchte mit dem kostbaren Material nicht zu sparen. Der höchste Berg ist 750 Meter hoch. Er besteht aus Granit und Marmor. Von der Natur weniger reich bedachte Inseln mußten sich dieses Baumaterial auf beschwerlichem Wege, zum Beispiel von Delos, holen.

▷ *Nebel vor Kythnos*

▷▷ *Siphnos. Bucht Kastro*

Paros hatte davon in Hülle und Fülle. Und weil auf den Inseln nichts ungenutzt verkommen, nichts brachliegen darf, weil die Möglichkeiten sehr beschränkt sind, haben sich in diesen ehrwürdigen Mauern neuzeitliche Menschen eingenistet und haben mit hellblauen Fensterläden der altertümlichen Fassade sogar einen zusätzlichen Farbreiz gegeben.

Ähnlich verworren ist die Baugeschichte des stimmungsvollsten Gotteshauses der Kykladen: der Hekatontapiliani, auch Katapoliani genannt. Was da an Kapellen, Gewölben, Kuppeln und Nischen zwischen dem 5. und 10. Jahrhundert unserer Zeitrechnung zusammengefügt wurde, präsentiert sich uns in einer ergreifenden baulichen Einheit. Vor zwanzig Jahren wurde der Bau restauriert, und das war notwendig. Davor war zum Beispiel die Kirche dick weiß gekalkt und mit barockem Zierat versehen. Wir bewundern ihre nackten Wände. Das mehrfarbige Schiefergestein der Gewölbe von Vorhalle und Hauptschiff wirkt wie ein natürliches Mosaik. Ungewöhnlich für eine Kykladenkirche, aber rein in ihrer Form ist auch die Außenansicht.

Unter vielen anderen interessanten Funden werden im Museum Reste vom Grabmal des Archilochos aufbewahrt, dessen Ruf als erster Jambendichter über die Grenzen seiner Heimat hinausdrang. Obwohl dieser bemerkenswert mutige Poet des 7. Jahrhunderts v. Chr. es wagte, in einem Reim seine Angst während einer Schlacht auszudrücken, wurde er als Heros verehrt.

Auf dem Rückweg zum Hafen spricht uns ein Maultiertreiber an, der uns sein Tier für einen Ritt ins Tal der Schmetterlinge anbietet. Liebend gern hätte ich es besucht, aber ein Taxifahrer war ehrlich genug, uns davon abzuraten, weil es für die Schmetterlinge noch zu früh im Jahr ist. Erst im Juli und August sind sie zu Tausenden dort anzutreffen.

Einen Ausflug zu den Marmorbrüchen von Marathi aber wollen sich auch Heinz und Dieter nicht ausreden lassen. Das Anheuern eines Taxis ist immer Glückssache, denn es kann schon mal vorkommen, daß der Chauffeur keine große Lust zu Fremdenführungen hat. Dann ist es schwer, sich im Gelände zurechtzufinden. Die Steinbrüche hätten wir niemals selbst entdeckt. Unser Taxifahrer aber tut ein übriges und steigt mit uns ein Stück in die Höhle hinab, dorthin, wo früher tief unten der hochwertige Marmor bei Lampenschein abgebaut wurde, weil er nur dort verwitterungsfrei war. Deshalb der Name »Lychnites«, der bei Kerzenlicht Gebrochene. Dann halten wir einen Splitter dieses kristallweißen Materials in Händen, prüfen die vielgerühmte Durchsichtigkeit und überlegen uns, daß zahllose Bildwerke der Antike ohne diesen Stein nicht entstanden wären oder ein ganz anderes Aussehen hätten. Parischer Marmor. Auch außerhalb des Stollens überall gelb-weiße Felsbrocken, größere und kleinere Bruchstücke, selbst die Begrenzungsmauer des Weges ist aus Marmorgestein.

Auf der weiteren Fahrt schauen wir uns die prächtige Landschaft an: fruchtbares, bewässertes Ackerland. Paros ist auch an Obst und Gemüse reich. In dem zauberhaften Bergdorf Lefkes machen wir halt und spendieren unserem Fahrer ein Bier. Von hier aus sehen wir auf die Ostseite der Insel. Sie hat schöne, weite Sandstrände. Davor liegt guter Ankergrund, doch ist Ankern bei viel Wind dort nicht ratsam. Von hier aus bewundern wir die faszinierende Bergkulisse von Naxos, unserem nächsten Reiseziel. Auf dem Weg dorthin wollen wir Naousa anlaufen, den Hafen im Norden von Paros. Er liegt in einer weiten Bucht.

Der Nordwind scheint wieder zuzulegen, denn schon am Vormittag weht er kräftig und erschwert uns das Kreuzen. Trotzdem kommen wir gut voran. Seitdem vor Naousa eine solide Steinschüttung errichtet wurde, sind auch für Yachten sichere Liegeplätze vorhanden. Die Fischer liegen im inneren Hafenbecken geradezu ideal. Hier werden sie niemals vom Wetter bei der Arbeit gestört, ihre grellfarbig gemalten Boote sind an Kais aus purem Marmor vertäut, und zu allem Überfluß liegen Tavernen in der Nähe.

Die Tavernen von Naousa! Es gibt so viele, daß die Wahl schwerfällt. In der gesamten Umgebung des Hafens ist abends ein Schmurgeln und Brutzeln, ein Qualmen und Duften, daß dem hungrigen Weltenbummler das Wasser im Munde zusammenläuft. Die armen Tavernenwirte kommen mit dem Grillen oft nicht nach. Deshalb ist es gut, daß sie vor dem köstlichen Fisch oder dem zarten Fleisch Riesenschüsseln voll griechischem Salat auf den Tisch stellen: Gurken, Zwiebeln, manches Mal Paprikaschoten, Oliven und vor allem Tomaten. Allein für die fleischigen, aromatischen Tomaten lohnt es sich, nach Griechenland zu

▷ *Siphnos. Töpfer bei der Arbeit*

reisen. Gott bewahre Griechenland vor raffinierten Tomatenzüchtungen! Mit ihrer bisherigen Sorte könnten sie den Weltmarkt erobern, wären die Tomaten nur haltbarer. Sie schmecken nach Sonne. Über den bunten Salatberg wird eine Scheibe Schafskäse gelegt, Feta genannt, und das Ganze wird mit einem gehörigen Schuß reinem Olivenöl übergossen. Nach einer so üppigen Vorspeise läßt es sich leicht auf die Hauptmahlzeit warten. Dazu gibt es den roten, schweren Landwein von Paros. Ein Glück, daß wir mit einem großen Schritt an Bord gelangen können und nicht irgendwo in den entzückend gewundenen Gassen unser Nachtquartier suchen müssen!

Bei Tageslicht sind die Gassen weit weniger verwirrend, und auf der Suche nach Vorräten für die Bordküche gerate ich in einen kleinen, bescheiden aussehenden Laden, der sich als bestens sortiert herausstellt. Vor allem versteht es die Kaufmannsfrau, den Bedarf erst zu wecken. Zwischendurch fertigt sie Kinder mit Süßigkeiten ab, gibt einer Frau eine Knoblauchknolle ohne Bezahlung mit, hat jedesmal Zeit, nach dem Befinden zu fragen: »Ti kanis?« – »Kala, kala!« Sie läßt mich den Käse kosten, trägt einer Urlauberin das liegengelassene Badetuch hinterher, schenkt einen Probeschluck Ouzo ein, kala, kala, Honig darf ich nicht vergessen, und die Nüsse sind wirklich erstklassig. Es ist ein gelungener Einkauf – für beide Seiten. Wir scheiden voneinander wie alte Bekannte, obwohl die sprachliche Verständigung äußerst dürftig war.

Ein Stückchen weiter – kaum traue ich meinen Augen: fließendes Wasser! Kein Wasserhahn, nein, ein richtiger Bach, kein Abwasser-Rinnsal, sondern ein echtes kleines Flüßchen, an dessen Ufern die Frauen knien und laut palavernd ihre Wäsche waschen. Solcher Überfluß reizt eine verantwortungsbewußte Bordfrau jedesmal, alles zusammenzuraffen und sich dazuzugesellen, denn wer weiß, wann ihr so reicher Süßwassersegen in den Kykladen wieder beschert wird!

Doch als ich zum Boot zurückkehre, wird meine plötzliche Aktivität jäh gebremst. Die Behörde verlangte nach den Papieren, berichtet Dieter. Ich mache mich mit den Schiffspapieren sofort auf den Weg. Aber das Büro ist nicht besetzt. Die Tür steht offen, weit und breit ist keine Uniform zu sehen. Ich lasse mich auf der Treppe nieder, beobachte das Geschehen am kleinen Hafen und warte. Nach geraumer Zeit nähert sich ein Herr in Zivil – ich hatte ihn schon lange vorher im Café sitzen sehen – und nimmt sich meiner an. Die üblichen Fragen: Name, Länge, Nationalität und – Material. Ich bin darauf gefaßt. Nachdem wir oft genug mit der englischen Bezeichnung für Zement – »concrete« – auf verständnislose Ohren gestoßen sind, habe ich mir das griechische Wort »tsimendo« zurechtgelegt. Das verfehlt auch diesmal seine Wirkung nicht. »Tsimendo – tsimendo?« fragt der Beamte ungläubig. Das muß er sehen! Schnell gibt er mir das Wechselgeld für die entrichtete Hafengebühr aus seinem Privatportemonnaie zurück und folgt mir in einiger Entfernung. Dabei ergeht es mir wie der goldenen Gans im Märchen. Der Grieche ruft im Vorbeigehen den Fischern mir unverständliche Bemerkungen zu. Sie erheben sich und folgen mir ebenfalls. Es kommt ein ganz hübsches Publikum zusammen, das sich schließlich am Kai vor der »Moana« versammelt. Noch will es niemand glauben, daß sie aus Zement ist, und einer hält es wohl für Teufelswerk, denn er bekreuzigt sich ungeniert vor uns. Aber da ist die beschädigte Stelle, hier liegt der Beton frei. So können wir beweisen, daß unser Boot wirklich aus »tsimendo« ist. Jetzt trauen sich die Neugierigen heran. Sie klopfen prüfend an den Rumpf, tätscheln die Rundungen und sind offensichtlich mit der Fühlungnahme vollauf zufrieden. Nachdem wir dem Beamten noch ein paar Fragen über Bauzeit, Stabilität und unsere weitere Reiseroute beantwortet haben, verabschiedet er sich mit seinem Gefolge und wünscht uns: »Kalo taxidi!« – eine schöne Reise. Die schöne Reise aber neigt sich für Dieter und Heinz dem Ende zu. Sie begleiten uns noch bis Naxos. Von dort wollen sie für den Rückweg die Fähre nehmen.

▷ *Siphnos. Terrassenfelder bei Kastro*

Naxos

Kaum sind wir außerhalb des Hafens Naousa, weht uns ein strammer Nordwind entgegen. Wir kreuzen aus der Bucht und können dann den Kurs nach Naxos gut anliegen. Die stattliche Insel zieht den Blick an, von welcher Richtung sie auch immer angelaufen wird.

Meistens wird sie in einem Atemzug mit Paros genannt. Aber sie ist ihrer kleineren Nachbarin in mancher Hinsicht überlegen: nicht nur in ihrer Größe, auch in der Höhe ihrer Gebirge und in der Fruchtbarkeit ihrer Täler. Wenn die Inseln ihr Spieglein an der Wand nach Einzelheiten ihrer Vorzüge befragten, so würde Naxos die andere übertrumpfen, weil sie immer wieder hinzufügen könnte: das habe ich auch, nur in noch reicherem Maße.

Der Wettstreit zwischen beiden Inseln begann bereits in vorgeschichtlicher Zeit. Während Paros seinen Namen nach der Nymphe Paria haben soll, die dem sagenhaften König Minos vier Söhne schenkte, wurde Ariadne, die Tochter des kretischen Königs Minos, an den Gestaden von Naxos ausgesetzt, das heißt von Theseus verlassen, nachdem sie ihm den Rückweg aus dem minoischen Labyrinth durch den seitdem so genannten Ariadnefaden ermöglicht hatte. Auf Naxos wurde sie von Dionysos, dem Gott des Weines, entdeckt, der gerade damit beschäftigt war, den Bewohnern von Naxos die Veredelung der Weinreben beizubringen. Entzückt von Ariadnes Schönheit, widmete Dionysos sich fernerhin nur noch seiner Liebe zu ihr und ließ die Reben ranken, wie sie wollten. Deshalb soll der naxische Wein nicht so gut wie der von Paros sein. Die Bewohner beider Inseln, von den Göttern reich mit Marmor bedacht, verarbeiten diesen seit Urzeiten. Noch längst sind nicht alle Idole ans Tageslicht gekommen, die in der Bronzezeit als Beigaben in die Gräber versenkt wurden. Auf beiden Inseln fanden sich jene kleinen, glatten Statuen mit den langgestreckten Körpern und Köpfen, die weibliche Formen und Gliedmaßen nur andeuten. Sie sehen so modern aus, daß wir verblüfft vor den Souvenirläden stehen, die Abgüsse dieser Kultfiguren anbieten. Im ersten Moment meinen wir, ein neuzeitlicher Künstler habe sich hierher verirrt.

Auch im Altertum hatten beide Inseln Parallelen. Paros besiedelte mit seinen Mannen Thasos und brachte reichen Goldsegen zurück in die Heimat; die Bewohner von Naxos schwärmten gar bis Sizilien aus und gründeten zu Füßen des Ätna eine Kolonie gleichen Namens. Doch nicht nur politisch, auch in der Kunst waren Anstrengungen in gleicher Richtung im Gange. Naxos plante den Bau eines großartigen Heiligtums, von dem das Tempeltor auf der Halbinsel vor dem Hafen heute einziger Beweis ist; Paros besaß bereits ein Tempeltor in gleicher Form und Größe, Archäologen fanden es jedoch in Einzelteilen. Während der feinporige Marmor aus Paros in unsterblichen Bildwerken Gestalt annahm, belieferte Naxos die antike Welt mit Kolossalplastiken, wie dem überdimensionalen »Apollon von Delos« oder der Löwenallee. Weitere Kolosse liegen noch heute unvollendet auf der Insel und dienen als Anschauungsbeispiel für die körperliche Mühe und das Risiko, die mit der Arbeit an diesem Material verbunden waren.

Immer wieder reizen die beiden Inseln zu Vergleichen: Paros bietet eine ruhige, freundliche Atmosphäre und liebliche Landschaft. Auf Naxos locken hohe Gipfel zwischen verschwenderisch üppigen Ebenen, in denen man die nahe Gegenwart des Meeres fast vergessen kann.

Verspricht die Insel Naxos mehr, als sie halten kann? Das Tempeltor jedenfalls hält durch die Jahrhunderte seine Stellung und auch sein Versprechen, daß der Segler es sehen kann, noch bevor er die Mole des Hafens wahrnimmt. Seine Bezeichnung »Sto Palati« – zum Palast – aber ist schon wieder zweideutig. Geht der Besucher nämlich über den schmalen Damm auf die Halbinsel und zum Tor hinauf, ist die Öffnung der Eingang zum – Nichts. Tritt er in entgegengesetzter Richtung durch den Rahmen, so hat er die Stadt vor sich, hautnah das urwüchsige Gewirr von äußerst belebten Gassen, aber keinen Palast. Weit oben auf dem Hügel stehen allerdings Paläste.

Seglern, die etwa von Levitha oder von den Erimonisia, den wahrhaft einsamen Inseln, nach Naxos kommen, muß das Angebot an Obst und Gemüse wie ein Schlaraffenland erscheinen. Aber auch jeder andere Bedarf ist zu decken. Sofort nach dem Anlegen ist ein guter Geist zur Stelle, der sich um Wasser kümmert, auf Wunsch Stangeneis bringt und Treibstoff besorgt. Für unser leibliches Wohl sorgen diverse Restaurants in unmittelbarer Nähe des Hafens.

In Naxos ist der Liegeplatz für Yachten nicht gerade ideal. Der ständige Nordwind belastet den Anker und verursacht Schwell. Die vielen ein- und auslaufenden Fähren sind eine zusätzliche Gefahr. Unter ihnen hat sich die rot angestrichene Fähre »Naxos« einen besonders üblen Ruf erworben. Der Steuermann scheint etwas gegen Segler zu haben; denn wiederholt stellten wir fest, daß es ihm ein besonderes Vergnügen zu bereiten scheint, auf See mit vollem Tempo möglichst nah an Seglern vorbeizufahren. Ihr Spitzname »die rote Sau« ist also durchaus als Warnung aufzufassen.

Wir ließen uns von Kennern erzählen, daß die Fähren verschiedener Reedereien sich in der angegebenen Fahrtdauer zwischen den Inseln aus Konkurrenzgründen gegenseitig derart unterbieten, daß der Fahrplan nur noch durch hohe Geschwindigkeiten möglichst bis in den Hafen hinein und durch ruppige An- und Ablegemanöver ungefähr einzuhalten ist. Wir beobachteten selbst, daß eine verspätete Fähre nach Verladen der Fahrzeuge die Ladeklappe schloß und die restlichen Passagiere einfach zurückließ. Ihre Billetts behielten ja die Gültigkeit. Lassen Sie sich auch niemals von der Auskunft einer Linienschiffsagentur entmutigen, daß angeblich keine andere Fähre mehr gehe. Kein Büro wird ein Sterbenswörtchen darüber verlieren, daß an der nächsten Straßenecke eine andere Reederei dieselbe Strecke bedient.

Heinz und Dieter bekommen jedenfalls ohne Schwierigkeit ihren Platz auf der Fähre. Vorher wollen sie aber noch Souvenirs einkaufen. Heinz sucht zwischen den Kykladenidolen herum, entschließt sich dann aber für eine Kassette mit griechischer Volksmusik. Dieter stellt sich mit einem cremefarbenen Kräuselkrepp-Flatterkleid prüfend vor den Spiegel. »Ob das meiner Frau gefällt?« fragt er unsicher. »Du kannst sie ja in die Oper einladen, wenn es ›Ariadne auf Naxos‹ gibt. Dann kann sie es anziehen«, spotte ich, »am besten kaufst du ihr gleich noch einen schafwollenen Pullover dazu – für kühle Sommerabende.«

»Was könntest du uns denn so empfehlen?« will Dieter wissen. Was könnte ich empfehlen? Ledertäschchen, Stickereien, Gürtel aus Leder oder Glasperlen, Modeschmuck, Kacheln mit griechischen Ornamenten, vielleicht eine kleine Vase, handbemalt mit einem antiken Motiv, oder einen Bildband über einzelne Kultstätten oder Museen, hochwertig und doch nicht teuer. Es gibt mannigfachen hübschen Krimskrams, schöne und teure Artikel, Leuchter aus Messing und Gefäße aus Marmor, Alabaster oder Onyx, daneben ganze Heerscharen von Helden und Gottheiten in Metall oder Kunststoff. Nicht zu vergessen sind die zahllosen Satyrn in triumphierend aufreizenden Posen, Kallikanzaros genannt. Den Griechen muß es besonderen Spaß machen, Kallikanzaros auszustellen, denn sie nehmen die auffälligsten Plätze in den Läden ein. Aber was ist für die Kykladen typisch? Das Angebot ist auf allen Inseln ähnlich: in Mykonos überwiegen Mini-Windmühlen, in Thira Reproduktionen von Akrotiri und in Milos die Venus – in Gips.

Gerd trifft wieder einmal den Nagel auf den Kopf. Er empfiehlt, eine Spezialität von Naxos mitzunehmen. Nein, keinen Wein von der Insel des Dionysos, sondern Kitron, den vollmundigen, herbsüßen Likör, der aus den Blättern und Früchten des Kitronbaumes, einer Zitronenart, hergestellt wird. Wir wollen keine Katze im Sack kaufen und machen uns erst einmal zu einer Kitronprobe auf.

Daß die Stadt Naxos ein kleines bißchen schmuddeliger ist als alle anderen Kykladenorte, die mir gerade einfallen, mag vielleicht daran liegen, daß sich durch die engen Gassenschläuche Tag für Tag sämtliche Touristen durchzwängen, die überhaupt auf die Insel kommen und die ihre übrige Zeit an den makellosen Sandstränden an der Westküste verbringen. Abends aber scheinen sie sich wiederum in Naxos zu treffen; wie wäre es sonst zu erklären, daß die wirklich nicht spärlich gesäten Tavernen bis zum letzten Platz besetzt sind. Und nachdem alle rundum ausgiebig gespeist haben, schlendern sie durch die Stadt, verbreiten Zigarettenschachteln, leere Limodosen, Eisverpackungen, Spieße und Servietten über die Treppen, die der allgegenwärtige Wind dann leerfegt. In den Ecken sammelt sich der Müll zu Häufchen. Gerade für diese Ecken aber ist niemand zuständig, obwohl die Inselbewohner ihr Land bis zum letzten Quadratmeter aufgeteilt haben. Früher gehörte das Land weitgehend den Familien der ehemaligen venezianischen Feudalherren. Deren Nachkommen leben, streng abgesondert durch Konfession und Klasse, immer noch in ihren Palästen oberhalb der bürgerlichen Stadt. Ihr Einfluß ist ebenso

▷ *Tavernenwirt bei der Arbeit*

▷▷ *Verschiedene griechische Spezialitäten*

verblaßt wie der Glanz ihrer Namen, mögen sie die Wappen über den Eingängen noch so ausdauernd polieren.

»Ihr habt auf diesem Törn doch eigentlich Glück gehabt«, faßt der Skipper die letzten Wochen zusammen. »Das kann man wohl sagen«, bekräftigt Heinz. »Wir hatten ein wenig Wind . . .«

». . . und ein wenig Flaute«, mischt sich Dieter ein. »Dafür konnten wir uns mehr anschauen, als mancher Ägäissegler, der mitten in der Meltemizeit hier herumschippert.«

»Das stimmt«, pflichte ich bei, »niemals wären wir sonst an die Ostseiten der Inseln gekommen, die – mit wenigen Ausnahmen – bei Wind zum Ankern unbrauchbar sind.«

»Kann man aber daraus schließen, daß es im Mai und Juni grundsätzlich wenig Wind gibt?«

»Das kann man nicht«, sagt Gerd. »Grundsätzlich muß man mit stärkerem Wind von Mai bis September rechnen und sollte sich deshalb entsprechend ausrüsten.« Es gibt Jahre, in denen der Meltemi nur im Juli und August stärker weht, es gibt auch Phasen, in denen er über Nacht einschläft und erst wieder im Laufe des Vormittags auffrischt. Aber es gibt auch Zeiten, in denen er Tag und Nacht unvermindert anhält. Deshalb ist es witzlos, Durchschnittstabellen aufzustellen. Der Meltemi läßt sich nicht sammeln und dann wieder aufteilen auf Monate und Gebiete. Jedes Jahr, jeder Monat, ja jeder Tag hat seinen unberechenbaren Wind, und jede Insel hat ihre eigenen Varianten dazu.

»Du wirst sicher zu Hause erzählen, daß wir wenig Wind hatten«, nimmt Gerd das Thema noch einmal auf und richtet sich damit an Dieter. »Aber glaube mir, wenn du die ganze Zeit solchen Wind gehabt hättest, wie wir ihn hier schon erlebten, dann würdest du sagen, die Ägäis sei ein verdammt hartes Revier. Siehst du, und so kommen die unterschiedlichen Auffassungen zustande. Die meisten Segler sind eben nur eine verhältnismäßig kurze Zeit hier und beurteilen danach das gesamte Gebiet und die ganze Segelsaison.«

»Freut euch«, sage ich, »wir hatten diesmal keinen Starkwind, keine Ankerschwierigkeiten und keine Reparatur an Segeln oder Boot. Ich komme mir vor wie im Ionischen Meer . . .« Das muß Poseidon gehört haben. Sein Ehrgeiz ist sofort angestachelt. Er lauert schon hinter der Hafenausfahrt auf uns, um uns zu zeigen, daß wir immer noch in der Ägäis sind, ungeachtet der paar windarmen Tage.

»Nehmt ihr unsere Post mit?« bitten wir die Freunde vor ihrer Abfahrt, »dann ist sie schon übermorgen bei den Eltern.« Sonst dauert es vier bis fünf Tage, auch mal eine Woche, je nachdem, wie häufig die Inseln von Fähren angelaufen werden.

Auch Gerd und ich verlassen bald darauf Naxos, aber nur den Hafen Naxos, noch nicht diese betörend schöne Insel. Wir wollen sie umsegeln, bevor wir uns endgültig von ihr trennen. Ähnlich wie der Poseidontempel von Kap Sounion bleibt dieser bemerkenswerte Türrahmen, der wie ein Stein gewordenes Rätsel vor dem Eingang zur Stadt steht, lange im Blickfeld. Sollte er Sinnbild sein für die Insel an sich? Will er uns lehren, zu bewundern, was vorhanden ist, ohne mehr dahinter zu suchen? Braucht ein Tor von so vollendetem, schlichtem Ebenmaß überhaupt einen Tempel hinter sich?

Der Wetterbericht hatte für die gesamte Ägäis bis zum Marmarameer Nordostwind mit drei bis vier Beaufort und leichte bis mäßig bewegte See gemeldet. Das wird ideal für uns sein, sobald wir das Nordkap von Naxos hinter uns haben. Davor liegen nur zehn Seemeilen mit Gegenwind. Aber diese zehn Seemeilen werden uns endlos lang. Der versprochene Nordostwind ist ein Hauch oder, besser gesagt, nur die Andeutung eines Hauchs. Von Fahrt unter Segel kann keine Rede sein. Unverständlich, wo bei dieser Flaute so viel Seegang herkommt. Ohne Motor ist überhaupt kein Vorwärtskommen, aber auch mit Maschinenkraft ist die Fahrt minimal. Die See ist auflandig, wir müssen schauen, daß wir von dieser Küste wegkommen. Laß uns aus deinen Fängen, Naxos! So einförmig die Küstenlinie auf der Seekarte auch aussieht, in Wirklichkeit schiebt sich ein felsiges Kap hinter dem anderen in die See, setzt sich Höhenrücken neben Höhenrücken im Land fort. Helles Grün im Licht, dunkleres im Schatten der Berge, soweit das Auge reicht.

Dieses harte Einsetzen in die steilen Seen, dieses Geratter der ins Leere greifenden Schraube – wie lange dauert das noch? Der Öldruck läßt nach. Ausgerechnet in einer solchen Lage! Sollen wir zurücklaufen

▷ *Der Kuros von Naxos*

in den Hafen? Auf der Ostseite der Insel ist Panormos die nächste sichere Bucht, und es ist noch weit bis dorthin. Von dort aus wäre der Weg zur nächsten Ortschaft weit, falls wir Hilfe benötigen sollten. Gerd hat die Gabe, in solchen Situationen erst einmal gar nichts zu tun. Er schaut in den Motorraum und sieht keinen Defekt. Also weiter. Abwarten ist auch eine Entscheidung. Und tatsächlich, bald normalisiert sich der Öldruck wieder. Vielleicht hatte sich durch die heftigen Bootsbewegungen vorübergehend etwas Ölschlamm vor den Filter gelegt.

Das Runden eines Kaps ist immer wieder eine spannende Sache. Oft genug haben wir erfahren, daß bei solchen Gelegenheiten Wind, Seegang und Strom aus Richtungen kommen, die nicht zu erwarten gewesen waren. Am Nordostkap von Naxos läuft der Seegang plötzlich nicht mehr auf die Insel zu, sondern an ihr entlang und bekommt dadurch wieder Kraft und eine gleichmäßige Richtung. Eine Weile spielen wir mit dem Gedanken, Apollona an der Nordostküste anzulaufen. Die Bucht ist ein schöner Badeplatz und ein beliebtes Ausflugsziel über Land und von See her. In einem aufgegebenen Steinbruch liegt seit dem Altertum ein als »Jüngling« bezeichneter Greis aus Marmor mit verwittertem Bart. Ursprünglich vielleicht für Delos bestimmt, blieb er hier unfertig liegen, weil ein tiefer Riß sein Gesicht entstellte. Durch diesen Makel hat er die Zeitläufe besser überstanden als seine vollendeten Brüder. Nur weil wir wissen, wo wir ihn zu suchen haben, können wir ihn von See aus erkennen. Der Ankerplatz vor dem netten Ort Apollona sieht aber durch den in die Bucht stehenden Seegang nicht sehr einladend aus. Deshalb segeln wir weiter. Weil der Wind etwas angenehmer wird, seit wir uns von der Küste entfernen, halten wir Kurs auf Denousa. Das bedauere ich insgeheim, denn ich wäre gerne noch länger an der Küste von Naxos geblieben. Gerade an ihrer Ostseite ist ihr Anblick von großer Schönheit: Kühn stürzen die felsigen Ufer ins Meer ab, doch die Hügel dahinter steigen in vielfachen Formen zu grünen, luftigen Höhen auf.

Erimonisia – die einsamen Inseln

Poseidon läßt uns wieder einmal all seine Tücken spüren. Kaum freuen wir uns darüber, daß wir gut vorwärtskommen, fällt ein widriger Windstoß so plötzlich ein, daß die Genua am Kopf zerreißt. Nachdem wir die Fock statt der Genua gesetzt haben, verabschiedet sich der Wind. Als wir endlich Denousa erreichen, ist es schon dunkel. Wir bleiben über Nacht in einer unbewohnten Bucht, in der bereits ein anderer Segler vor Anker liegt. Obwohl der Anker gut hält, stecke ich wohl ein dutzendmal den Kopf aus dem Niedergang, weil in dieser Nacht die Böen nicht einschlafen wollen.

Dafür zeigt sich der nächste Morgen wohltuend lieblich. Wir wechseln von der Bucht zum kleinen Hafen Stavros. Dort sichten ein paar Fischer gerade ihre Netze. Soll das der Fang fürs ganze Dorf sein? Wovon leben die Menschen sonst?

Mittelpunkt des Ortes ist die Kirche, wohlgepflegt, mit blauer Kuppel. Die Häuser strahlen in makellosem Weiß. Von den flachen Dächern führen Rohre an den Hauswänden entlang zur Zisterne. Kein Tropfen Wasser darf während der Regenzeit im Winter verlorengehen, denn der Sommer ist erbarmungslos lang.

Unter dem Binsendach sitzen vor der einzigen Taverne die Männer, neben sich die Körbe mit den Legangeln. Weiß gekalkte Stufen, geebnete Flächen zwischen den Häusern, Blumen- und Kräutertöpfe: Ein Idyll, aber ist es erstrebenswert?

Erimonisia werden die Inseln östlich und südöstlich von Naxos genannt: die Einsamen. Wer Einsamkeit sucht, hier findet er sie im Übermaß. Die Inseln liegen im Schatten des blühenden Naxos, sie sind fast unbekannt. Und doch hat jedes dieser Eilande sein eigenes, unverwechselbares Gesicht. Segler brauchen nicht den Fahrplan der Kaikia zu beachten, die die Inseln versorgen und gelegentlich auch ein paar Urlauber mitbrin-

▷ *Im Hafen von Naxos*

gen. Wir können uns frei von einer kleinen Insel zur anderen bewegen und unseren Ankerplatz nach dem Wind auswählen. Ob wir nach Irakleia oder Schinousa gehen, ob wir an der gelb getönten Küste von Kato Kouphonisos vorbeisegeln oder im Schwammfischerhafen Parianos auf Ano Kouphonisos festmachen, wir sind allein. Die wenigen Bewohner kümmern sich nicht um uns. Sie geben uns bereitwillig von den bescheidenen Lebensmitteln ab: Nudeln, Reis und Tomatenmark, auch Kekse sind überall vorrätig. Es will mir scheinen, als ob das die Grundnahrungsmittel überhaupt sind, die niemals ausgehen, auch wenn der Schiffsverkehr einmal nicht funktionieren sollte, sei es wegen des Windes oder wegen anderer Ereignisse.

Wer hat je von Karos gehört? Dort liegt noch keine einzige Bierdose auf dem Ankergrund, und der Strand wird höchstens von ein paar verwundert dreinblickenden Kormoranen bevölkert.

Fragen Sie mich nicht, warum die Segler nicht an einem Ort bleiben mögen, selbst wenn er ihnen als der schönste und angenehmste der Welt erscheint. Gewiß, wir wollen auch die Geschwindigkeit genießen, im Bewußtsein, lediglich mit der Energie des Windes ein tonnenschweres Boot zu bewegen. Das ist ein Grund. Der zweite ist eine unbezähmbare Neugier auf immer neue Gestade. Ein Umriß am Horizont, ein kaum definierbarer Streifen Land, und schon erwacht in uns ein kleiner Columbus oder Marco Polo, mögen diese darüber hinaus auch andere Beweggründe für ihre Expeditionen gehabt haben. Mal hinsegeln und schauen, was dort für Menschen leben, wie die Küste aussieht, ob es dort hübsche Dörfer gibt. Sind vor dem endlich erreichten Land nur schlechte Ankerplätze, segeln wir einfach weiter. Haben wir aber einen guten Ankerplatz gefunden, das können wir spätestens nach dem ersten ausgedehnten Tavernenbesuch feststellen, sind wir zufrieden – bis zum nächsten Morgen. Dann wird bereits die Reise zum nächsten Ziel besprochen. Auf diese Weise nehmen wir meistens nur positive Eindrücke mit. Im Urlaub sind unsere Alltagsprobleme endlich einmal fernab, und wer will sich als Ersatz dafür mit den Schwierigkeiten der besuchten Länder oder Inseln beladen? Von der Sehnsucht in den Augen der Alten, die ihre im Ausland lebenden Kinder vielleicht nie mehr sehen werden, bemerken wir nichts. Wir machen uns keine Gedanken über Krankheit oder Mangel und verstehen nichts von den sozialen Umständen, die in den Kafenia erregt diskutiert werden.

Levitha

Was um alles in der Welt treibt uns aber nach Levitha? Die Insel gehört verwaltungsmäßig zum Dodekanes, geographisch jedoch noch zu den Kykladen. Sie liegt, zusammen mit Kynaros, außerhalb jeder üblichen Route. Doch als Zwischenstation zu den Inseln des Dodekanes oder für die Reise von dort zurück zur Attikaküste ist sie unentbehrlich.

Zwischenstation – schon dieses Wort hat einen Beigeschmack nach zugiger Abfertigungshalle. Levitha will und kann nicht mehr sein als ein Übernachtungsplatz für müde Yachtsportler. Dieser Voraussetzung entspricht die Bucht an der Südseite vollauf. Darüber hinaus bietet die Insel nichts. Mäßig hoch ist sie, ein öder, steiniger Hügel im Meer. Doch auch hier haben sich einige Familien niedergelassen, haben ihre Wohnungen und eine Kirche gebaut und nutzen das karge Fleckchen ebenes Land zum Anbau von Gerste. Sie warten nicht auf ein Fährboot, das Fremde oder Waren für den täglichen Bedarf bringt, sie sind darauf eingestellt, sich selbst zu helfen. Die Fischgründe vor der Haustür und drüben bei Kynaros, dieser wilden, unbewohnten Felseninsel, sichern ihnen die täglichen Mahlzeiten. Keine unüberwindlichen Entfernungen trennen sie von Amorgos oder Kalymnos, doch der Begriff Weltabgeschiedenheit trifft auf Levitha bis ins kleinste zu.

▷ *Naxos. Tempeltor am Hafen (6. Jahrhundert v. Chr.)*

Die Leute winken uns von weitem freundlich zu, nachdem ein Hund die ungewöhnlichen Spaziergänger durch sein Gebell verraten hat. Schade, daß wir sie nicht danach fragen können, was unser Besuch für sie bedeutet. Piraten haben sie nicht mehr zu fürchten, also sind wir ihnen gleichgültig oder vielleicht eine kleine Abwechslung im Inselalltag, nicht mehr, als wenn sich eine Möwe auf die Bruchsteinmauer vor ihrem Anwesen setzt. Morgen werden wir wieder fort sein, bald nur noch ein weißer Punkt am Horizont.

Mit uns liegt ein kleines deutsches Segelboot vor Anker. Der Eigner, allein an Bord, sucht keinen Kontakt.

Der Nordwind hat sich etwas Neues ausgedacht. Während der letzten Nacht störte er in Intervallen unsere Ruhe. Heute scheucht er uns noch vor dem Morgengrauen aus der Koje. Wir überlegen nicht lange. Bevor der Seegang sich aufbaut, können wir schon in Astypalaia sein.

Astypalaia

Die See sieht kalt und glanzlos aus, während wir Levitha verlassen. Gerd setzt Groß und Fock. Der Wind kommt aus Nordwest mit Stärke fünf, bald darauf mit sechs Beaufort. Der griechisch-englische Wetterbericht meldet um halb sieben für die Nord- und Südägäis gleichermaßen Nordnordwestwind mit fünf bis sechs, später sieben Windstärken. Wir kommen gut voran. Ich berge die Fock, weil der fast achterliche Wind sie immer wieder einfallen läßt. Aber auch das Groß allein ist keine ideale Lösung. Durch die schräg von achtern anlaufenden Wellen werden wir immer wieder aus dem Kurs geworfen. Gerd muß höllisch aufpassen, damit er keine Halse fährt. Das Groß zu bergen und wiederum die Fock zu setzen ist heute schwere Arbeit. Aber es muß sein. Sofort danach werden die Schiffsbewegungen weicher, und der Kurs läßt sich jetzt gut halten. Trotz der kleinen Segelfläche rauschen wir mit fünf bis sechs Knoten Fahrt dahin. Den Wind empfinden wir nicht als stark, weil wir ja mit ihm laufen.

Astypalaia kommt näher. Die blanke Felsküste im Nordosten ist eine fast geschlossene Mauer, feindlich und unnahbar. Die Hundertmeterlinie verläuft direkt davor. Beruhigend, aber das Wissen darum bringt nichts. Ob hundert oder fünfhundert Meter Wassertiefe – die See reißt uns mit. Die »Moana« wird angehoben und weitergeschoben, als wäre sie ein Stück Baumrinde und nicht eine vierzehn Tonnen schwere Ketsch. Die Seen überholen uns; sie rollen heran, gebärden sich gefährlich und sinken wieder in sich zusammen in schäumenden, hellblauen Wirbeln. Oder sie schleichen sich von hinten aufs Deck, können sich nicht halten, werden durch die Bootsbewegung abgeschüttelt. Ständig neue Angriffe, immer wieder andere heimtückische Versuche, uns zu packen. Ganz selten gelingt es einer See, seitlich an die »Moana« zu klatschen und blaues Wasser über Deck zu sprühen. Ganz anders sieht es an der Felswand drüben aus. Die gibt nicht nach. Dort prallen die Seen ab, schieben sich die Wassermassen mit Wucht in die Höhe und fallen, langsam wie in Zeitlupe, als weißer Gischt zurück ins Meer. Wie viele Tonnen Wasser werden da bewegt, welche Energien verschleudert, wieder und wieder!

Wir halten auf das südöstliche Kap zu. Dahinter müßte es mit dem Seegang vorbei sein, meint Gerd. Und wirklich. Ein paarmal schaukeln uns die jetzt dwars heranlaufenden Seen hin und her, dann wird das Wasser ganz ruhig. Wir sind in Landabdeckung von Astypalaia. Wohltuend, diese Ruhe im Boot, kein Senkrechthalten mehr nötig – entspannen.

Wir segeln an der Südküste entlang. Auch sie ist zunächst steil und felsig. Kaum haben wir das Kap achteraus, setzen Fallböen ein. Porto Agrilithi, ein Fjord, der sich nach Norden hin erstreckt, soll unser erster Ankerplatz sein. Sollen wir kreuzen, um da hineinzukommen? Nein, wir nehmen lieber die Fock herunter und laufen das Stück unter Motor. Kleine, wütende Wellen springen uns an. Sie können uns nicht viel anhaben, aber sie halten sich hartnäckig bis kurz vor dem Ende der Bucht. Die Fallböen bleiben uns auch hier treu. Wir liegen sicher vor Anker, die Umgebung gefällt uns, aber es ist nicht sehr gemütlich.

Vielleicht werden wir ein andermal länger bleiben. Anker auf. Eine Bucht nach der anderen fahren wir aus, überall das gleiche: Fallböen, kleine Schaumkronen, einsame Ufer.

Im Ormos Maltezana finden wir eine Pier, hier gehen wir längsseit. Der Kai ist mit scharfkantigen Schneckengehäusen übersät. Fischer verrichten ihre Arbeit an den Netzen, als spürten sie den Wind gar nicht. Tatsächlich scheint er hier etwas schwächer zu sein. Wären wir nur geblieben! Aber die Neugierde treibt uns weiter. Wir wollen zum Hafen. Im Laufe der Jahre haben wir uns angewöhnt, die Leinen auf Slip zu nehmen, damit wir jederzeit schnell und ohne fremde Hilfe ablegen können. Ein Fischer, dem wir unsere Seekarte zeigen, ermutigt uns, an der Engstelle zwischen den Klippen hindurchzulaufen. Damit sparen wir einen Umweg von zwei Seemeilen. Ein paar Minuten Spannung – dann sind wir an der steinigen Untiefe vorbei. Das Wasser ist zwar durch den Wind gekräuselt, aber so klar, daß wir jeden Stein, zum Greifen nahe, erkennen können. Dann kommen wir zu der Landenge, welche die beiden Schmetterlingsflügel der Insel zusammenhält. Hundert Meter ist sie breit. Ich will wissen, wie das Meer auf der Nordseite jetzt aussieht. Gerd hält mich für verrückt. Er läßt das Boot nicht allein – wegen meiner Schnapsideen. Also muß ich schauen, wie ich allein im Beiboot an den Strand komme. Zwischen zwei Böen gelingt es mir, das größte Stück zu schaffen. Der Strand und die Böschung darüber sind so schmutzig, als hätte der Wind den Müll der ganzen Insel hier zusammengetragen. Ich hüpfe zwischen dicken Teerklumpen herum, sie müssen bei winterlichen Südstürmen angeschwemmt worden sein. In der Hitze des Sommers sind sie klebrig geworden und haben sich mit dem Kies zu einem schwarzen, unappetitlichen Brei verbunden.

Oben auf der Straße, die über die Landenge führt, wirft mich der Wind fast um. Ich drücke den Fotoapparat an mich, stemme mich ein paar Schritte vorwärts, versuche zu stehen. Nein, hocken ist sicherer. Ich kauere mich also zwischen Disteln und Steinen nieder. Es ist mir nicht möglich, das sich mir bietende Schauspiel im Bild festzuhalten, ohne zu wackeln. Würde ich hier in einer rundum geschlossenen, gläsernen Telefonzelle stehen und auf das Meer hinabblicken, wäre es ein wahrhaft herrlicher Anblick: dieses ungezähmte Anrollen der Seen und ihr Aufprallen auf die zerfressene, dunkle Küste. Aber ich bin schutzlos dem Wind ausgesetzt, der das Meer aufwühlt. In dem Höllenlärm, der mich umgibt, kann ich das Heulen des Windes und das Donnern der Brandung nicht unterscheiden. Nur schnell fort! (Monate später entdecke ich, daß die Kamera, völlig unbeteiligt, auch das sanft hügelige Hinterland im Bild festgehalten hat, das ich mit meinen überforderten Sinnen gar nicht wahrgenommen hatte.)

Den Hafen Skala zu finden, ist nicht schwer. Er liegt in einer offenen Bucht, in der wir schon von weitem den Ort Astypalaia erkennen, der sich mit seinen weißen Würfelhäusern den Berg hinaufstapelt. Auf jeder Insel begeistern diese schmucken Orte den Ankömmling stets von neuem.

Der Ankerplatz ist gut geschützt, wenn auch die Fallböen die vor Anker liegenden Boote um neunzig Grad in beide Richtungen schwojen lassen. Unter Murren bereitet Gerd einen zweiten Anker für die Nacht vor.

Nicht weit von uns entfernt liegt ein englisches Segelboot. Zuerst sehen wir darauf ein älteres Ehepaar damit beschäftigt, die Segel flüchtig festzubändseln. Dann schaut die Frau geraume Zeit nur noch in die Runde. Warum er sich gar nicht mehr um das Boot kümmert? Ganz offensichtlich hält der Anker nicht. Bei jeder Bö entfernt sich die Yacht ein Stückchen weiter von uns und treibt allmählich aus der Bucht hinaus.

»Er wird halt in die alten Kriegsgeschichten seiner Landsleute vertieft sein«, spöttelt Gerd, »da interessiert ihn ein schleifender Anker nicht.« Unseren Nachbarn interessiert sein Anker jedoch sehr wohl. Er holt ihn kurz darauf an Bord und fährt aus der Bucht. Wohin will er? Wir hätten ihm raten können, wo er einen besseren Ankerplatz findet. Aber er kommt nicht weit. Kaum hat er die Einfahrtshuk und damit die Schaumköpfe auf den Seen erreicht, kehrt er schnell um. Er bringt ebenfalls zwei Anker aus und findet schließlich Ruhe für die Nacht.

»Viele machen den Fehler, daß sie den Anker nicht einfahren. Wenn er halten soll, muß man ihn mit voller Motorkraft einfahren. Wenn er dann immer noch nicht hält, taugt der Ankergrund nichts...« sagt Gerd,

▷ *Schinousa. Die gut geschützte Bucht Myrsini*

▷▷ *Astypalaia. Blick vom Kastell auf die Bucht Leivadia*

»... oder die Flunke ist ab«, töne ich besserwisserisch. Eine Flunke haben wir in der Bucht von Kap Sounion wieder eingesammelt, aber die zweite wird im Hafenschlick von Ägina für ewige Zeiten schlummern. Wer sich heute unseren guten deutschen Stockanker anschaut, wird ihn als solchen nicht wiedererkennen. Ein griechischer Schmied hat ohne jeden Sinn für Ästhetik zwei neue Flunken darangeschweißt ... ich will darüber lieber schweigen.

Auch wir haben spannende Lektüre an Bord, nicht nur englischer Herkunft, so daß wir es tagelang ohne Landgang aushalten könnten. Aber der Skipper hat das Verlangen, den Hafen zu erkunden. Deswegen seien wir schließlich in dieses windige Loch gefahren.

Ich hätte doch besser die alten Jeans anlassen sollen, denn kaum habe ich im Beiboot Platz genommen, schwappt eine Welle zwischen Bootsrumpf und Beiboot hoch und genau auf die hintere Bank, auf der ich sitze. »Laß doch endlich los«, schimpft Gerd, »so kommen wir nie rüber.« Ich denke: »Uns werden die Böen hinaustreiben aus dem Hafen, bevor wir das Ufer erreichen können. Wir schaffen das nie! Und wenn uns niemand rechtzeitig bemerkt, werden wir übers offene Meer treiben bis – ja bis nach Kreta oder gar daran vorbei nach Afrika!« – »Paddle doch, los!« schreit Gerd. Es versetzt uns ganz schön nach draußen, aber dort gibt es Felsblöcke am Ufer, an denen wir landen. Das »Kind«, wie wir unser Beiboot nennen, ziehen wir nun von Stein zu Stein und verholen es in eine für den Rückweg günstigere Position. Ich bin ärgerlich, weil ich nicht einsehe, warum wir uns diese Mühe machen. Morgen sieht es vielleicht wieder anders aus. Morgen wird nur noch ein leichtes Lüftchen wehen, und wir können im Hafen abwarten, bis sich der Seegang beruhigt hat. Dann können wir uns mit Muße den Ort anschauen.

Weit gefehlt. Am nächsten Morgen schickt der Athener Wetterfrosch eine Sturmwarnung durch den Äther. Für unser Gebiet – wir befinden uns ja fast in der Südostägäis – verspricht er Nordwind mit sieben bis acht Beaufort. Die See wird sehr rauh, ja sogar hoch sein. Dieser Tag steht im Logbuch als magere Eintragung von nur einer Zeile: »Fest im Hafen Skala wegen Sturmwarnung.« Die Böen sind in der Hafenbucht nicht geringer als der Wind draußen. Wir messen satte acht Windstärken. Gerd bringt – diesmal ohne Murren – an der Leine des Zweitankers noch ein Reitgewicht aus. Trotzdem behauptet er, daß der Wind schon nachgelassen habe. Wir könnten ruhig unseren Spaziergang zum Kastell riskieren – selbstverständlich mit den Kameras. Das bedeutet für mich, daß ich die Fotoapparate wasserfest zu verpacken habe, aber ohne zusätzliche Gepäckstücke zu schaffen; denn die mag keiner tragen. Wir warten ab, bis eine Bö abgeklungen ist, und paddeln los, bevor die nächste über den Hafen streicht. Aber gerade diese hat es in sich. Heulend setzt sie sich in unser Dingi und läßt sich paddeln – wie eine Diva. »Los, schneller, mach zu!« ermahnt Gerd. Ich habe keinen Atem übrig, um ihm zu erklären, daß ich bestimmt keine »Frauenpost« mit Neuigkeiten aus europäischen Königshäusern lese, daß ich tue, was ich kann – da bricht Gerds Paddel ab. Er reißt mir meines aus der Hand, und ehe ich noch begreife, daß wir jetzt mit halber – na, sagen wir mit zwei Drittel Kraft unmöglich an Land kommen können, hat er schon den Rückweg zum Boot eingeschlagen, ohne sich um meine lächerlichen Versuche zu kümmern, ihn dabei mit dem abgebrochenen Blatt seines Paddels zu unterstützen. Nachdem das Aluminiumrohr des Paddelschaftes sich als so schwach erwiesen hat, trauen wir dem zweiten auch nicht mehr und wechseln beide gegen ein Paar Holzriemen aus, die wir zur Sicherheit im Heckraum mitführen. Gerd knirscht noch etwas über modernes Gelumpe zwischen den Zähnen hervor, das einem nur zusätzliche Arbeit macht, dann starten wir den nächsten Landeversuch – diesmal ohne besondere Vorkommnisse. Die Situation, in der wir uns soeben befanden, war nicht gefährlich. Notfalls hätten wir auch ganz ohne Riemen unsere »Moana« schwimmend erreicht und das Beiboot hinterhergezogen.

Ich höre Sie fragen, warum wir nicht längst einen Außenbordmotor für unser Dingi haben. Hatten wir. Erstens war es sehr umständlich, den Motor jedesmal an- und dann wieder abzumontieren. Wir schauen nämlich in jedes Mauseloch von Bucht hinein und brauchen deshalb unser Beiboot häufig. Aus diesem Grund ziehen wir es während kürzerer Fahrten an einer langen Leine hinterher. Bei solchen Gelegenheiten könnte der Motor leicht einmal verlorengehen. – Zweitens sprang der Außenborder nie richtig an. Manches Mal dauerte das Putzen der Kerze und der seit der letzten Benutzung korrodierten Teile länger als der beabsichtigte Ausflug. – Und drittens stört er die Stimmung. – Viertens kann ein Außenborder dazu verleiten, mit dem Dingi weiter vom Boot wegzufahren, als das möglich und ratsam ist, wenn es gerudert wird. Fällt der Motor unterwegs aus, ist es in vielen Fällen schwierig, den weiten Rückweg mit eigener Kraft zu schaffen. Ohne Bedauern haben wir uns von ihm getrennt. Er ruht auf etwa fünfzehnhundert Meter Tiefe in italienischen Gewässern und ist damit in sein Geburtsland zurückgekehrt. Nur so war es möglich, seinen Verlust beim nächsten Einklarieren zu melden. Einmal in den Schiffspapieren vermerkt, mußten wir ihn bei jeder Ausreise vorzeigen, sonst hätten wir ihn verzollen müssen. Deshalb hatte er manche Seereise als untauglicher, aber nicht blinder Passagier mit uns gemacht.

Rudern, Beiboot versorgen, über Steine klettern – und dann hinauf in den Ort. In windgeschützten Ecken ist es glühend heiß, so daß wir jedes Streifchen Schatten suchen. Wir streichen an den Häusern entlang wie die Katzen, die vor uns Reißaus nehmen. Ein griechisches Dorf am Vormittag – überall in Griechenland und auch in anderen südlichen Ländern gibt es, wie hier, diesen unbeschreiblich appetitanregenden Geruch nach Olivenöl und Knoblauch. Wo es so herrlich duftet, ist die Welt in Ordnung, wenigstens für diese Stunden.

In der Nähe der Post packt der Wind wieder zu. Er fängt sich in den Telegraphenleitungen und sonstigen Drähten, die sich da nützlich oder nutzlos über die flachen Dächer schwingen, und stimmt ein jämmerliches Konzert an, das nicht enden will. Wie halten die Menschen hier oben diesen ständigen Lärm aus, dieses durch Mark und Bein dringende, unaufhörliche Pfeifen in höchsten Tönen! Es ist unmöglich, ein Wort zu verstehen.

Wir gehen weiter bergan. Hier finden wir Kapellen in Reih und Glied, ein Tonnengewölbe neben dem anderen, eine Altaraußenwand und noch eine, fünf oder mehr hintereinander, eine Kirchenstraße. Die Kapellen wurden nach überstandener Seenot gestiftet, den steilen Hang hinauf eng nebeneinandergebaut, mit weißem Kalkbrei immer wieder überzogen. Inzwischen hat ihre jahrhundertealte Schminke alle Kanten gerundet. Wir gehen hinein und finden Reste von Fresken an den Wänden, geschnitzte Ikonostasen, Bauernkunst, Votivbilder, Ampeln und Kerzen. Das Ewige Licht wird wohl gehütet. Eine Reihe Ölflaschen steht als Vorrat in einer aus der dicken Wand ausgesparten Nische. Fromm duftende Stille umgibt uns. Aber draußen tobt der Wind.

Wir kommen zum Kastell. Es ist keine mächtige Burg mit Umfassungsmauern, nein, die Bewohner hatten ihre Häuser aneinandergebaut und damit einen nach außen tief abfallenden, festen Wall geschaffen, der eine bessere Abwehr der Piratenüberfälle ermöglichte. Die kunstvoll vergitterten Fenster ließen Luft in die Wohnungen, die zum Innern der Festung in geräumigen Höfen zusammenliefen. Mit der schwindenden Gefahr breitete sich die Siedlung später über den Berghang hinunter bis zum Hafen aus. Oben im Kastell verfallen die Räume. Der Wind faucht durch die Öffnungen, läßt Fensterläden klappern und Treppengeländer knarren. Nur die Kirchen zeigen sich in neuem Glanz zwischen dem brüchigen Gemäuer. Darüber spannt sich der Himmel, so blau, wie ihn kein Künstler je zu malen wagt, und tief unten liegt das Meer, dunkel wie Tinte und doch leuchtend, mit weißen Zuckerstreuseln übersät.

Nach unserem Abstieg zum Hafen suchen wir eine Taverne. Der Wirt läßt uns auf der windgeschützten Terrasse Platz nehmen und bringt uns die gewünschten Getränke. Aber mit dem Essen ziert er sich. Er legt uns zwar Teller und Bestecke vor, darüber hinaus passiert jedoch lange nichts. In der Taverne selbst sind keine Anzeichen von großer Kochkunst zu bemerken. Dann aber wird aus der Bäckerei, die wir von unserem Platz aus sehen können, ein hochbordiges Blech herausbalanciert, das alle Blicke auf sich zieht. Und schon ist der Wirt, freudestrahlend und diensteifrig herumtänzelnd, dabei, eine Portion nach der anderen abzuteilen: von der besten Mousaka, die wir je aßen. Mousaka ist eine Art Auflauf aus Hackfleisch, Kartoffeln und Auberginen, mit einer knusprig überbackenen Haube aus Béchamelsoße darüber. Leider wird sie in vielen Lokalen schon mittags zubereitet und erst abends, zusammengesackt und nur noch lauwarm, serviert. In Skala erhalten wir sie frisch aus dem Bäckerbackofen. Erst von diesem Zeitpunkt an wissen wir sie als Spezialität zu schätzen.

Später suchen wir nach einem milden Ouzo und lernen eine andere Spezialität der Insel kennen. Im Laden beschreibe ich den gesuchten Anisschnaps mit »soft«. Ich bin mir nicht ganz sicher, ob diese Bezeich-

▷ *Amorgos. Taleinschnitt nahe der Bucht Vlychada*

▷▷ *Amorgos. Einfahrt in die Bucht Vlychada*

nung passend ist, und weiß nicht genau, ob mich der Ladenbesitzer verstanden hat. Aber er offeriert uns umgehend eine Flasche, auf deren Etikett ein klangvoller Mädchenname prangt. Die uns lächelnd präsentierte Flasche ruft den Eindruck hervor, daß ihr Inhalt weich und lieblich schmeckt. Deshalb vertrauen wir dem Angebot blindlings. An Bord stellt sich das in der Flasche enthaltene Gebräu als mörderischer Rachenputzer heraus, und wir fragen uns, was wohl ein Drink in unseren Kehlen angerichtet hätte, den die Bewohner von Astypalaia als hart bezeichnen.

Wo wir wohnen, wollen die Leute wissen. »Kotero«, antworte ich. Das kommt immer gut an. Mit der komplizierten Vokabel »Istioforos«, die für »Segelboot« im Sprachführer steht, hatte ich bisher kein Glück. Bei »Kotero« dagegen nicken sie anerkennend, ein wenig mitleidig, wie mir scheint. Um dieses Gefühl noch zu vertiefen, halte ich schamhaft entschuldigend meine Hand über den angetrockneten, salzigen Heiligenschein auf dem Hosenboden.

Überhaupt komme ich in Griechenland viel besser zurecht, wenn ich nur ein Stichwort fallen lasse. Alle einstudierten Redewendungen haben nämlich zur Folge, daß die Leute denken, man beherrsche die Sprache so gut wie den einen auswendig gelernten Satz. Sie antworten dann auf ihre Weise, was niemals auch nur im entferntesten irgend etwas mit den vorgeschriebenen Antworten im Buch zu tun hat. Auf ein einzeln gesprochenes Wort aber reagieren sie ebenso einfach, wie ja auch wir auf das gebrochene Deutsch eines Ausländers unwillkürlich etwas gestelzt, sozusagen wie zum Mitschreiben, eingehen.

Immer wieder verwirrt mich die griechische Bejahung »ne«. Wenn ich mich nach Tomaten erkundige und ein zuversichtliches »ne« zur Antwort erhalte, will das einfach nicht in meine Vorstellung passen, daß tatsächlich Tomaten vorhanden sind. Völlig schizophren mutet die griechische Geste für die Verneinung an. Das ist kein Kopfschütteln, sondern im Gegenteil ein irreführendes seitliches Kopfnicken, ein Hochrekken des Kopfes mit gleichzeitigem Augenaufschlag. Es kommt mir vor, als wollte der Befragte sagen: Heiliger Nektarios oder Spiridion oder welcher Heilige gerade für die Insel zuständig ist, wie kann man so etwas überhaupt fragen.

Mein Hosenboden wird vorläufig weiterhin salzig bleiben. Zwar säuselt die Wettervorhersage von nur fünf bis sechs Windstärken bei immer noch rauher See, aber kaum haben wir all unser Ankergeschirr verstaut, erwischen uns an der Südseite der Insel schon wieder die Fallböen. Der Seegang an der Nordküste von Astypalaia sieht nicht besser aus als damals im Norden von Naxos. Die »Moana« torkelt hin und her, bis wir endlich das Kap gerundet haben und nach Süden laufen können. Bewegung im Boot macht mich widerspenstig, ich mag dann nichts und niemanden mehr. Auch Porto Vathy ist mir gleichgültig. Wer weiß, ob wir dort überhaupt hineinkommen. Wenn ich schon wieder »Barre« höre und »schmales Fahrwasser«, stellen sich mir die Nackenhaare auf. Ohne Grund. Gerd steuert über die Untiefen in die Bucht, als wäre er hier zu Hause.

Und dann möchte ich fast weinen: Da schlage ich mir in den Fallböen vor Skala die Hüftknochen fast wund, weil die »Moana« so hart hin und her schwojt, und hier, knappe fünf Seemeilen entfernt, liegt – wie soll ich Porto Vathy besser schildern – ein Binnensee, umgeben von sanft ansteigenden Ufern, dessen stilles, grünliches Wasser den Eindruck erweckt, als sei hier eine Riesenflasche Birkenbadeöl ausgelaufen.

Den Rest des Tages machen wir wohlverdienten Urlaub.

Amorgos

Tagelang ähneln sich die Wetterberichte wie ein Ei dem anderen: Nordnordost fünf bis sechs, auch sieben, See mäßig bis rauh, teilweise sehr rauh. Zur Abwechslung wird zwischendurch eine Windstärke weniger angesagt, obwohl wir davon nichts spüren. Die Wind- und Seegangsverhältnisse in der Nähe der Inseln weichen von der Gesamtwetterlage in den einzelnen Vorhersagegebieten ab und werden im Wetterbericht nicht berücksichtigt.

Während unserer Fahrt von Astypalaia nach Amorgos kommt der Wind genau aus Nordwest. Wir müssen gegenan, also wieder einmal kreuzen. Die Entscheidung, ob wir günstiger östlich oder westlich um die Insel segeln, wenn wir den Hafen Katapola anlaufen wollen, ist nicht leicht. Von der Entfernung her ist es gleichgültig, welche Route wir wählen. An der Nordostküste werden wir möglicherweise ebenso gefoppt wie an den Luvküsten von Astypalaia oder Naxos: mit Windstau und hohem Seegang; auf der Westroute kommen wir in den Bereich der Fallböen, die Segler an den Leeküsten der Kykladen oft in Schwierigkeiten bringen. Wenn wir uns für diesen Weg entscheiden, können wir wahrscheinlich nicht genug Höhe laufen und werden zusätzlich zwischen Antikaros und Amorgos durch Strömung versetzt. Trotzdem entscheidet sich der Skipper für die zweite Möglichkeit. Das bedauere ich insgeheim, denn es ist ein Erlebnis, an der Nordostküste von Amorgos entlangzusegeln. Bis aus einer Höhe von achthundert Metern fallen die Felsen senkrecht ins Meer ab. Es ist die Felsküste schlechthin, der Inbegriff von Unzugänglichkeit. Aber auch die Südostküste ist für Sportbootfahrer unzugänglich, denn außerordentlich tiefes Wasser reicht bis an ihre Ufer. Hier wird besonders deutlich, daß die Ägäischen Inseln nur Gipfel eines vom Meer umbrandeten wilden Gebirges sind und daß guter Ankergrund bei weitem nicht überall zu finden ist. Die Bucht Vlychada im Norden von Amorgos hat zum Beispiel an ihrer Einfahrt über hundert Meter Wassertiefe, und auch in ihrem innersten Teil bietet sie nur eine sehr bedenkliche Ankermöglichkeit. Wer aber das Glück hat, bei Windstille hierherzukommen, wird gefangen sein von den wuchtigen, felsigen Ufern, die sich im Innern auf beiden Seiten eines Trockenbaches fortsetzen, in dessen Bett Gesteinsbrocken aufgetürmt liegen.

Ganz anders ist die weite Bucht von Aigiali. Sie hat lieblichere Ufer und muß schon im Altertum als Hafenplatz gedient haben, denn die drei malerisch auf den terrassierten Hängen verstreuten Dörfer Langadia, Potamos und Tholaria, in deren Mauern Spuren der Antike nachgewiesen wurden, sind nur auf dem Wasserwege zu erreichen. Über Land führen auch heute nur Eselspfade dorthin.

Die Überlegung des Skippers, den Fallböen aus dem Weg zu gehen und möglichst weit von der Leeküste wegzubleiben, hat ihre sachliche Begründung. Aber im stillen hatte ich gehofft, wir würden diesmal doch so nah herankommen, daß ich wenigstens durchs Fernglas das in dreihundert Metern Höhe an eine abschüssige Wand gebaute Felsenkloster Chozoviotissa sehen könnte. Es ist die größte Sehenswürdigkeit von Amorgos, nicht nur deshalb, weil es im 11. Jahrhundert an dieser absonderlichen Stelle errichtet wurde, sondern auch wegen der Ikone, die der Anlaß zum Klosterbau war.

Der Wind will wieder einmal anders als wir. Erst neckt er uns mit seiner Unbeständigkeit, so daß wir wiederholt die Segelfläche abwechselnd vergrößern und verkleinern, dann aber legt er zu, was das Zeug hält. Ein Kreuzschlag folgt dem anderen. Es ist reiner Hohn, Amorgos will uns nicht an seine Ufer heranlassen! Zeitweise scheint uns die unbewohnte kleine Insel Anydros näher zu sein als Amorgos, die Vielumkämpfte. In einem Moment der Resignation schlägt Gerd vor, nach Anaphi abzulaufen.

Anaphi! Dann lieber gleich nach Astypalaia zurück, da wissen wir wenigstens, was wir haben. »Aber Anaphi kennen wir noch gar nicht!« Das ist vielleicht männliche Logik! Weil wir Anaphi noch nicht kennen, sollen wir nach stundenlanger nasser Kreuzerei einfach zwanzig Seemeilen zusätzlich machen! Ohne mich! »Womöglich kommen wir dort erst bei Dunkelheit an. Weißt du denn, was der Wind heute noch alles mit uns anstellt? Vielleicht kommt er dort von Süden. Und dann gibt es keinen Ankerplatz weit und breit.«

»Keinen Ankerplatz«, höhnt Gerd. »Schau dir doch die Seekarte an! Sandstrände noch und noch!«

»Aber Klippen davor. Was habe ich dir unlängst über Anaphi vorgelesen? Daß die Fähre weit draußen auf offener See die Passagiere ausbooten muß, weil sie nicht an die Insel rankommen kann.«

»Wir sind doch keine Fähre«, klärt mich Gerd auf. Aber ich bleibe hart. Keinen Finger will ich mehr auf diesem verdammten Boot rühren, und wozu das überhaupt taugt, was wir hier treiben. Das macht doch niemand freiwillig. »O doch«, sagt Gerd darauf trokken. Und seine Stimme klingt wie ein Orakel: »Schon in ein paar Tagen werden Georg und Doris an Bord sein und sich darum reißen, uns die ganze Segelei abzunehmen.« Nun verstumme ich völlig. Gerd hält

▷ *Ios. Blick auf die Stadt Ios*

▷▷ *Ios. Straßencafé in der Chora*

OPENING TONIGHT
PLACE

ohne ein zusätzliches Wort zu diesem Thema weiterhin auf Amorgos zu und wälzt damit die Verantwortung dafür, daß Anaphi weder hier noch an anderer Stelle von uns näher beschrieben wird, auf meine müden Schultern ab.

Es dauert sehr lange, bis wir das westliche Kap von Amorgos erreicht haben. Statt im Hafen Katapola, der noch sechs Seemeilen voraus liegt, gehen wir in einer versteckten Bucht hinter der Leuchtturminsel Gramvousa vor Anker. Diese Bucht allerdings entschädigt uns mit absoluter Geborgenheit für alle Mühen des Tages.

In Katapola, dem Hafen des Hauptortes Amorgos, gibt es zwar kaum Autoverkehr, denn die einzige Straße der Insel führt nur bis zur Chora und ist ganze vier Kilometer lang, dafür aber um so mehr Yachten. Seit unserem Aufbruch in Naxos konnten wir die Begegnungen mit Sportbooten an einer Hand abzählen. In Katapola aber sind sie massenweise versammelt und liegen trotz auflandiger Fallböen sogar längsseit am Kai! Wir glauben zwar viel, aber daß Vercharterer Segler ohne Anker in die Ägäis schicken, nehmen wir niemandem ab. Warum sieht man also immer wieder gerade in engen, viel besuchten Häfen Boote längsseit liegen, obwohl sie damit anderen meistens die besten Liegeplätze wegnehmen? Gerd kann sich in solchen Fällen grobe Bemerkungen nicht verkneifen. Oft tun diese lieben, rücksichtslosen Kollegen dann so, als ginge sie das Boot, auf dem sie sich befinden, überhaupt nichts an, als seien sie nur arme, hilflose Segelfracht.

Katapola ist ein sicherer Liegeplatz, obwohl bei Nordwind kräftiger Schwell in den Hafen steht. Aber wir finden hier nicht die nötige Ruhe, um einen längeren Ausflug zu unternehmen. Wir füllen nur Wasser und Diesel auf, die Wallfahrt zum Kloster Chozoviotissa verschieben wir aufs nächste Mal.

Wir haben alle wichtigen Ankerplätze der Insel aufgesucht, trotzdem werde ich das Gefühl nicht los, daß wir von dieser Insel, die durch ihre abwechslungsreiche äußere Gestalt vom ersten Augenblick an beeindruckt, noch nicht genügend gesehen haben. Das Innere, das jede Insel in der Erinnerung erst unverwechselbar von der anderen unterscheidet, jenes ureigene Auf und Ab der dornigen Pfade, der landwirtschaftlich genutzten oder überwucherten Terrassen, blieb uns in diesem Fall versagt. Können wir den Wind dafür verantwortlich machen? Menschliche Kontakte scheint er zu erschweren. Auch im Hafen zieht sich das Leben in die Häuser zurück, wenn der Meltemi tobt, es spielt sich weniger auf der Straße ab. Die Obst- und Gemüsekästen werden hereingeholt, in den Tavernen die Türen geschlossen. Jeder rettet sich in eine windstille Ecke. Am Kiosk werden die Ansichtskarten vor dem Davonfliegen gesichert. Selbst die Yachtleute verkriechen sich unter Deck und machen die Luken dicht.

Ios

Nur fort aus Katapola, nur weiter! Fliehen vor dem Wind. Knappe dreißig Seemeilen sind es bis nach Ios. Vielleicht wird es dort besser. Die Richtung ist günstig. Wir rauschen auf hohen, seitlich anrollenden Wogen dahin und machen einen entscheidenden Fehler. Statt in die im Südosten von Ios gelegene Bucht Treis Klisies einzulaufen, was vom Kurs her leicht zu schaffen wäre, halten wir auf Ormos Manganari zu. Hier prasseln uns die Fallböen so heftig entgegen, daß wir nur noch mit voller Motorkraft vorwärtskommen. Als wir endlich da sind, enttäuscht uns der Ankerplatz. Wir versuchen es in der Einbuchtung davor, weil dort ein Fischerboot liegt, finden aber auch hier Schaumkronen – nur hundert Meter vom Land entfernt. Noch einmal müssen wir gegenan. Häßliche, kurze Klatscher donnern auf das Deck und stieben uns in die Gesichter. Wir fahren so nah wie möglich an einen kleinen Strand heran; zu beiden Seiten felsige Ufer, überwaschene Klippen, die unter Wasser weitergehen, wer weiß, wie weit? Der Anker slippt. Kette wieder rauf, noch einmal vorwärts. Es ist gar nicht so einfach, auf dem engen Raum die gewünschte Richtung zu halten. Der Rumpf der »Moana« bietet dem Wind eine große Angriffsfläche, und viel Gas kann Gerd wegen der Klippen ringsum nicht geben. Kaum hat er den Rückwärtsgang eingelegt, dreht sie sich schon wieder in die falsche Richtung. Aber der Anker hat bereits gefaßt, Gott sei Dank!

Gerd schaut sich die Sache unter Wasser mit der Taucherbrille an. Gut, der Anker hat sich auf einer Sandstelle hinter einem flachen, großen Stein verhakt. So hält er und ist doch leicht wieder an Bord zu holen. Zur Sicherheit bringen wir auch noch unseren Invaliden, den Stockanker, mit Kettenvorlauf und Leine aus. Für diesen Zweck ist er noch tauglich. Jetzt liegen wir sicher. Das Wasser ist sehr kühl, der Wind hat das warme Oberflächenwasser aus der Bucht hinausgetrieben. Kaum an der Luft, schlottert Gerd wie Espenlaub. Er geht gern in die warme Kajüte. Das Vorluk können wir nicht öffnen. Selbst hier, ganz nah am Ufer, sprüht mit jeder Bö eine feine Wolke Seewasser herein, so oft wir es versuchen. Wie mag es jetzt wohl in der Nachbarbucht aussehen?

Mit dem ersten Sonnenschein am nächsten Morgen sind auch Kräfte und Neugier wieder aufgewacht. Außerdem scheint der Wind ein Spur nachgelassen zu haben. Immerhin gibt es schon trockene Stellen auf dem Deck. Aber nicht lange. Kaum haben wir das Kap an der Einfahrt zu unserer Ankerbucht passiert, fällt uns der Wind wieder frontal an. Nur zwei bis drei Seemeilen liegt unser Ziel entfernt, es lohnt sich nicht zu kreuzen. Die »Moana« setzt hart in die von vorn herankommenden Seen ein. Wir sind gleich wieder naß. Es scheint, als hätte der Wind sich in der Bucht nur zurückgehalten, um uns herauszulocken. Aber wir drehen ihm eine Nase. Kurz darauf haben wir Landabdeckung und laufen in die Bucht Treis Klisies ein.

Wir sind in der Bucht der Superlative: keine Menschenseele weit und breit, das Wasser ist so klar, daß es fast unsichtbar wäre, würde der Wind nicht die Oberfläche kräuseln. Wir liegen gut vor zwei Ankern und haben auch das Reitgewicht wieder ausgebracht – so brauchen wir Fallböen nicht zu fürchten. Schnell trocknet die Sonne das Ölzeug und die übrige Kleidung. Vor lauter Lebensfreude mache ich einen Luftsprung und trete prompt so ungeschickt in den Wäscheklammerbeutel, daß ich für die nächsten zwei Tage geh- und stehbehindert bin. Ich gebe wieder der Bosheit Poseidons die Schuld daran. Er ärgert sich, daß er uns nicht schütteln kann, draußen, auf dem wild bewegten Meer. Er kann es nicht ertragen, daß ein Mensch sich seines Lebens ohne göttliche Nackenschläge erfreut. Wie hat er mit Odysseus sein böses Spiel getrieben. – Immer wieder muß ich in diesem Seegebiet an die Abenteuer des Odysseus denken, der zwischen den Inseln hin- und hergetrieben wurde. Seine Schiffe hatten nicht die Fähigkeit, hoch am Wind zu kreuzen. Wie leicht haben wir es dagegen heutzutage. Wir werfen einfach die Maschine an, wenn uns die Lage zu lästig wird. Odysseus und alle anderen, die vor der Erfindung des Dieselmotors zur See fuhren, konnten in solchen Situationen nur beten. Die unzähligen Kapellen in Buchten, auf unzugänglichen Felsinseln und hochaufragenden Küsten sind steingewordene Stoßseufzer und Dankgebete verzweifelter Seeleute. Was müssen sie gelitten haben, wenn das Versprechen, auf meerumspülter Klippe oder auf schattenloser Bergkuppe eine Kapelle zu errichten, leichter zu verwirklichen war als die glückliche Heimkehr!

Uns kommt der Aufstieg zu einer solchen Kapelle wie ein Opfergang vor. Draußen auf dem offenen Meer veranstalten die Schaumkronen Wettrennen. Wir kauern hier oben in der glasklaren Luft und beobachten eine Ameisenstraße zwischen goldglänzendem Glimmerschiefer. Wir sehen, wie die Arbeiterinnen sich gegen den Wind mit schweren, trockenen Stengeln abplagen, manchmal umgeblasen werden, sich wieder hochrappeln, nur darauf bedacht, ihr Ziel zu erreichen, um danach ohne Aufenthalt wieder umzukehren zu ewig gleicher Betätigung.

Drunten schwojt auf der unwirklich waschblauen, flirrenden Wasserfläche unser Boot sanft hin und her. Und fast unbewegt in den fauchenden Böen steht ein einsamer Phönizischer Wacholderbaum an der Böschung, so kraftvoll ausladend, als wäre er nie vom Wind hin- und hergerissen worden. Das sind die Augenblicke, in denen ich die Freude am Segeln wie eine geheime Kraft empfinde. Ich sehe die Dinge, wie sie sind, betrachte sie bewußt in ihrer einfachen, natürlichen Schönheit: den so verschiedenartig gefärbten Stein, den wunderbar an seine harten Lebensbedingungen angepaßten Baum, die unermüdlich ums Überleben kämpfende Ameise. Auch daheim hätte ich überall um mich herum die Möglichkeit, so einfache Dinge und Vorgänge zu betrachten und mir darüber Gedanken zu machen. Aber dazu ist wohl auch die Loslösung vom Alltag notwendig, die Rückkehr zu bescheidener Lebensweise, die der längere Aufenthalt

▷ *Santorin. Küste innerhalb des Kraterbeckens*

auf einem Segelboot zwangsläufig mit sich bringt. Zu meinen heutigen Gedankengängen und meiner Zufriedenheit trägt auch die Herbheit der Inseln bei. Sie ist vielleicht einer der Gründe, warum Kykladenreisende immer wieder dem Zauber der Inseln und des Meeres verfallen.

Mich machen solche Momente froh. Danach kann ich nur lachen, wenn mir der Wind das Mehl beim Sieben aus der Schüssel weht. Poseidon scheint vor verständnislosem Staunen zu verstummen, weil seine Nadelstiche ohne Wirkung bleiben. Dann geht ihm sozusagen die Puste aus, der heftige Wind stirbt. Die Luft hat sich stark abgekühlt, es wird eine ruhigere Phase folgen. Jetzt können wir ohne große Mühe den Hafen Ios erreichen.

Einen überaus liebenswerten Willkommensgruß bietet der Anblick der Kirche Agia Irini aus dem 18. Jahrhundert an der Hafeneinfahrt. Wer diese Kirche mit ihren zierlichen Glockentürmen passiert hat, kann sich vor Sturm und Seegang sicher fühlen. Doch dann bricht ein anderer Sturm über uns herein. Mein erster Gedanke ist: Flüchtlingsnot, Auffanglager, Ausnahmezustand! Wir schauen genauer hin und bemerken, daß aus der Fähre keine verängstigten Auswanderer aussteigen, sondern eine höchst selbstbewußte Masse meist junger Urlauber, die – mit dem persönlichen Gut für einige Wochen im Rucksack, eine zusammengerollte Schlafunterlage obendraufgeschnallt – dem Inselbus oder dem Campingplatz zustreben. Es handelt sich nicht um ein hilfloses Menschenhäuflein, das sich nach einer billigen Bleibe umsieht, nein, sie scheinen sich hier bestens auszukennen. Sie treffen sich wie zu einem Musicfestival oder zu einer Demonstration, nur eben leider – in Massen. Das sind keine Gammler, sondern nette, kultiviert aussehende, lachende Jugendliche, je nach Geschmack ultramodern, freizügig oder altertümlich gekleidet. Sie lümmeln in Cafés herum, schäkern, benehmen sich wie Rennpferde vor dem Start, belagern Souvenirläden, probieren spielerisch dies und das. Sie suchen sich einen Begleiter, vergessen ihn bald darauf und wenden sich dem nächsten zu. Da ist ein Flattern und Schwirren, Plappern oder auch Sinnieren – man kann ihnen nicht böse sein. Aber warum fallen sie gerade hier ein wie ein Heuschreckenschwarm? Sie vernichten den urwüchsigen Charme dieser in ihren touristischen Möglichkeiten so begrenzten Insel, das ohnehin schwer zu bewahrende Eingehen der Einheimischen auf die Fremden. Ja, auf derselben Insel, in deren Südostbucht ich ein Hohelied auf die Freude am Segeln angestimmt habe, spielt sich so etwas ab. Aber auf Ios gibt es auch weite Küstenstriche, die nur von See her erreichbar sind und die aus diesem Grund von den Scharen sonnenhungriger Touristen nicht besucht werden. Die Inselbevölkerung nutzt einen schmalen Streifen fruchtbares Land zwischen nacktem Marmor und Granit. Schon dort rinnt das Wasser so spärlich, daß es kaum für die Bewohner selbst reicht – und in keinem Fall den Ansprüchen verwöhnter Mitteleuropäer genügt.

Woher aber soll man das Wasser im vielbesuchten Hafen Ios nehmen? Wohin mit dem Müll? Die Abwässer stinken im Hafen zum Himmel. An den Hintereingängen der Lokale türmen sich Getränkekästen und verstellen jeden romantischen Blick in Gassen oder auf kleine Plätze. Und das sind nur ganz oberflächliche Betrachtungen. Will man sich durch die in ihrer ursprünglichen Anlage malerische Chora nicht wie auf einem Rummelplatz durchschlagen, muß man sich zeitig morgens auf den Weg machen, wenn die verkrampft-originell aufgemachten Diskotheken und Bars noch geschlossen sind und höchstens ein paar verschlafene Gestalten durch die weißen, schattigen Gassen huschen, Gassen, in denen spielende Kinder und tratschende Frauen oder alte Männer vor den Kafenia wie Operettenstatisten wirken – so sehr werden sie in der übrigen Zeit von den Fremden in den Hintergrund gedrängt.

Wir wundern uns, wie die Versorgung überhaupt aufrechterhalten werden kann, ja welch ein Überangebot an Spezialitäten und eigens für die Ausländer zubereiteten Gerichten besteht. Im Jahre 1978 brachen sechzigtausend Touristen über die Insel und ihre zwölfhundertsiebzig Einwohner herein. Inzwischen werden es etliche Tausend mehr sein, die sich auf den Hauptort, den Hafen und wenige per Bus erreichbare Buchten stürzen. Ein finanzieller Aufschwung für die Bevölkerung, gewiß, aber für welches Opfer! Die eilfertigen, abgehetzten Kellner mögen sich in den Wintermonaten vom Streß erholen, aber was ist mit den übrigen Einwohnern? Sie vernachlässigen die Felder, lassen die pittoresken Windmühlen verkommen. Dort oben, wo der Blick über den Ort und die Bucht am eindrucksvollsten wäre, breitet sich ein Durcheinander von Schweinekoben und Unrat aus.

An den exponiertesten Punkten des Ortes ragen Betongerippe empor, hastig verdientes Geld wird in eilig errichteten Neu- oder Erweiterungsbauten angelegt, die wiederum nur zweckbetont und ein Schlag ins anmutige Gesicht der Insel sind. Und was wird bleiben, wenn eines Tages die Touristenschiffe ausbleiben und die jungen oder jung sein wollenden Leute eine andere Insel zu ihrem Treffpunkt erwählen? Wenn sie dorthin ihre Gewohnheiten, ihren Lebensrhythmus verpflanzen, ohne Rücksicht auf die vorhandene, viel urwüchsigere Atmosphäre, die sich aber gegen diesen brutalen Ansturm nicht behaupten kann? Ios ist kaputt. Mykonos ist kaputt, vielleicht wird Milos das nächste Opfer sein. Jeder hat das Recht, zu reisen, wohin er will. Aber hat er das Recht, damit die Umwelt zu verändern? Sie sagen, daß die Griechen selbst Diskotheken und Pubs nach mitteleuropäischem Muster aus dem Boden stampfen. Aber würden sie das tun, wenn die Gäste andere Erwartungen hätten? – Vielleicht wird eines Tages auch der Kilimandscharo vom Lärm übersteuerter Musicboxen erbeben.

Noch vor zehn, fünfzehn Jahren lockte Ios die Touristen mit einem antiken Baurest auf dem Hang des höchsten Berges an, der als Homers Grab ausgegeben wurde. Darüber hinaus hatte es keine Sehenswürdigkeiten anzupreisen. Heute hat der Name der Insel allein Anziehungskraft genug. Im Mittelalter animierte die Anmut und Tugend der Frauen von Ios die Türken zu wiederholten Mädchenraubzügen. Im Gegensatz dazu bringt heute die Invasion der Fremden ganze Schiffsladungen Frauen auf die Insel.

Schon einmal, vor vierhundert Jahren, verlor Ios seine Eigenart. Damals wurden bei einem Seeräuberüberfall Hafen und Ort zerstört und die gesamte Bevölkerung in die Sklaverei verkauft. In der Folgezeit siedelten sich albanische Einwanderer an. Trotzdem setzte sich die typische kykladische Siedlungsform wieder durch.

Als Transportmittel für die Postbeförderung zwischen Hafen und Chora wird immer noch das Maultier eingesetzt, obwohl eine Autostraße nach Ios führt. Das stimmt versöhnlich.

Beim Einkaufen lade ich mir so viele Tüten auf, daß ich schließlich das Wechselgeld vergesse. Da hält mich der Kaufmann so ehrlich erschrocken zurück, wie ich es hier fast nicht mehr erwartet hätte.

Vielleicht ist die griechische Mentalität widerstandsfähig genug, auch den Einfall der Touristenschwärme zu überdauern. Vielleicht übertünchen sie eines schönen Frühlingstages Häuser und Gassen und damit die ganze unerfreuliche Vergangenheit mit einer frischen Schicht Kalk. Ich wünsche es Ios und uns von ganzem Herzen.

Santorin (Thira)

Doris und Georg, ein lange mit uns befreundetes Ehepaar, sind mit der Fähre in Ios angekommen. Sofort danach starten wir in Richtung Thira.

Wir wollen die Verschnaufpause des Meltemi nutzen, um diese Insel, die keinen zuverlässigen Liegeplatz bietet, wiederzusehen. Für Doris ist Thira Neuland. Es gibt wohl kaum einen Ägäisreisenden, der Thira nicht besucht. Und gerade hier haben es die Sportbootfahrer besonders schwer. Sie müßten eigentlich mit einem Skipper reisen, der sich absolut nicht für die Insel interessiert, der geduldig an Bord bleibt, während die Crew ausgedehnte Ausflüge unternimmt. Sonst gibt es zeitliche Einschränkungen und leicht Unstimmigkeiten bei der Ablösung der Bordwache, und diese ist an jedem der Anlegeplätze nötig. Warum? Es gibt keinen Hafen, keinen Ankergrund, keinen Anlegeplatz, nicht ein Stückchen Mole, wo Sicherheit oder auch nur ein wenig Schutz zu finden wäre. Jede der vorhandenen Anlaufstellen ist mit Vorbehalten zu betrachten. Um zu erklären, warum Santorin für Segler ein so unsicherer Platz ist, muß ich weit ausholen, auch auf die Gefahr hin, daß mancher Leser die Geschichte der Insel längst kennt.

Vor etwa dreitausendfünfhundert Jahren war Santorin eine schöne, runde Insel, das lassen jedenfalls ihre damaligen Bezeichnungen »Kalliste« oder »Strongyle« vermuten. Ihre Bewohner gingen, wie auf ande-

▷ *Astypalaia. Hafen Skala*

ren Inseln auch, als Fischer und Bauern ihrer Arbeit nach. Sie hielten gut nachbarschaftlichen Kontakt mit Kreta und anderen Inseln. Die Beziehungen zu Kreta waren so ausgeprägt, daß Strongyle in der künstlerischen Ausgestaltung seiner Paläste in nichts hinter Knossos zurückstand. Das jedenfalls beweisen die Funde von Akrotiri: meisterhafte Fresken, die boxende Kinder, blaue Affen, zierliche Antilopen und phantastische tropische Landschaften darstellen. Sogar eine Art »Kapitänshaus« mit bis ins kleinste gehenden Darstellungen von Booten und Mannschaften, aber auch vollendet schöne Keramiken sind aufgedeckt worden und heute im Athener Nationalmuseum zu besichtigen. Daß diese Kunstwerke über einen so großen Zeitraum hinweg der Nachwelt erhalten blieben, ist einer gewaltigen Katastrophe zuzuschreiben, die Strongyle grundlegend veränderte, die Siedlung Akrotiri aber unter einer konservierenden Decke aus Bimsstein und Asche bewahrte.

Nach dem ersten Vulkanausbruch ging ein lange anhaltender Aschen- und Bimssteinregen nieder. Er bedeckte die Insel mit einer immer dicker werdenden Schicht und erstickte schließlich alles tierische und pflanzliche Leben. Die Menschen konnten sich rechtzeitig in Sicherheit bringen; zumindest wurden menschliche Opfer nicht gefunden. Nachdem der Vulkan sich durch immer kraftvollere Ausbrüche an Gas und Bimsstein verausgabt hatte, brach sein Dach ein und sackte in den entstandenen Hohlraum hinunter. Dies muß eine enorme Flutwelle in Bewegung gesetzt haben, die auf den umliegenden Inseln bis zum kleinasiatischen Festland hin verheerende Folgen hatte. Es ist noch nicht endgültig geklärt, ob diesen Zusammenhängen auch der Untergang der minoischen Kultur auf Kreta zuzuschreiben ist. Die schöne Insel Strongyle jedenfalls war völlig auseinandergebrochen. Dort, wo vorher der Vulkan stand, breitet sich jetzt die Kaldera aus, ein Becken mit einem Durchmesser von zehn Kilometern.

Der Grund dieses Beckens ist bis dreihundertneunzig Meter tief, und da die Ufer von Thira und Thirasia an der Innenseite fast ebensohoch aufragen, wie sie steil unter Wasser abfallen, ist kaum ein Ankerplatz vorhanden. Obwohl dieses Kraterbecken auf der Seekarte wie eine riesige Bucht wirkt, ist es doch sehr anfällig gegen Schwell, der nirgends weich auslaufen kann, und der eine zusätzliche Gefahr bedeutet. Die Berufsschiffahrt behilft sich mit Festmachetonnen, die in großer Tiefe verankert sind und etwas Halt geben. Auch die Liniendampfer und Kreuzfahrtschiffe machen vor Thira so fest und lassen die Passagiere von Zubringerbooten an Land setzen. Für die Versorgung der Insel existiert eine Anlegestelle im Ormos Athinio, wo ein begrenzter Ankergrund und eine Festmachetonne direktes Laden ermöglichen. Dies ist übrigens der einzige Platz, von dem eine Autostraße zum Kraterrand hinaufführt. Alle anderen Anlegestellen sind mit den darüberliegenden Ortschaften durch Treppenwege, die sich serpentinenartig hochschlängeln, verbunden, so zum Beispiel Thira und Epanomeria auf Santorin und Manolas auf Thirasia. Daß Ladearbeiten und Fährbetrieb im Ormos Athinio Vorrang haben, wird jeder Sportbootfahrer einsehen, so daß auch diese Anlegestelle nur kurzen Aufenthalt erlaubt. Zudem sind der steinige Ankergrund und der ständige Wechsel am Kai nicht gerade gute Voraussetzungen dafür, das eigene Boot alleinzulassen.

Um die Wirkung des Anblicks zu steigern, segeln wir zunächst an der Ostküste von Thira entlang. Hier steigt der Meeresboden ganz allmählich an und würde die schönsten Ankerplätze vor schwarzen Sandstränden bieten, wenn – ja wenn der böse, stündlich zu erwartende Meltemi nicht wäre. Die frei und offen daliegende Küste ist dem Seegang ausgeliefert. Ob die kleinen Steinaufschüttungen vor dem Ort Monolithos wirklich jemals einen Hafenbau ermöglichen werden, ist fraglich. Wassertiefe und Schutz vor Seegang sind jedenfalls äußerst gering. Wir ankern trotzdem hier und schauen uns am Strand um. Die Taverne bietet eine Süßwasserdusche gegen Bezahlung an. Das wundert uns, denn Wasser ist rar auf Thira. Zur Versorgung der Touristen muß es per Tankschiff vom Peloponnes hierhertransportiert werden.

»Wenn Wasser so kostbar ist, verstehe ich nicht, daß die Felder auf dieser Seite der Insel einen derart üppigen Eindruck machen«, wundert sich Doris. Tatsächlich ist Thira trotz seiner Wasserarmut in weiten Teilen sehr fruchtbar. Und das ist wiederum eine Folge jener Katastrophe, die sich in wunderbarer Weise ins Gegenteil verkehrte: Die dicke Bimssandschicht nimmt nämlich Tau und Regenwasser auf. Sie speichert die Feuchtigkeit in ihren groben Poren, so daß den Pflanzen ausreichend Wasser zur Verfügung steht.

▷ *Nordküste von Astypalaia*

Hinzu kommt die wachstumsfördernde Wirkung der im Boden enthaltenen Mineralien, die wie unerschöpflicher Kunstdünger die Vegetation beeinflussen. Deshalb gedeihen hier Getreide, Gemüse und Wein – Malvasier, ein starker, dunkler oder auch goldgelber Süßwein, der »das Feuer des Vulkans« in sich hat. Die Santoriner pflegen ihre Rebstöcke mit großer Sorgfalt, obwohl die Ausfuhr des Weins nicht mehr so große Bedeutung als Erwerbsquelle hat wie noch zum Anfang dieses Jahrhunderts.

Gerd ermuntert uns, mit dem Taxi nach Alt-Thera zu fahren. Er will an Bord bleiben, denn er hat Thera schon bei einem früheren Besuch gesehen. Er empfiehlt Georg, lange Hosen anzuziehen.

»Wieso denn das?« will der wissen. »Für den Fall, daß ihr auch das Kloster auf dem höchsten Berg, dem Profitis Ilias, besuchen wollt. Für jeden Kloster- und Kirchenbesuch erwarten die Griechen angemessene Kleidung. Damen in Hosen sind ebenso ungenügend angezogen wie Herren in Shorts«, doziert Gerd.

»Das hast du dir aber gut gemerkt«, stelle ich fest, »Gerd mußte nämlich damals einen langen Wickelrock anziehen, den die Mönche bereithalten, um nackte Männerbeine zu verhüllen.«

»Ich konnte ja vorher nicht wissen, daß uns der Taxifahrer in dieses Kloster lotst!« verteidigt er sich. »Trotzdem haben die Mönche mir einen Ouzo spendiert, und du hast nur ein Bonbon bekommen.«

»Wofür eigentlich?« fragt Georg.

»Aus Gastfreundschaft, nehme ich an. Wir durften uns die verschiedenen Räume anschauen, die wie ein kleines Volkskundemuseum eingerichtet sind, und haben bei der Gelegenheit in dem Verkaufsraum ein paar Ansichtskarten gekauft. Es gibt dort auch eine Menge byzantinisch aussehender Heiligenbilder zu kaufen, die wirkungsvoll auf altes Holz aufgezogen oder zu kleinen Altärchen zusammengebaut sind.«

»Mit unechtem Holzwurmstich und so weiter auf alt getrimmt?« spottet Doris. »Es ist freilich Massenware. Aber die Nonnen fertigen Handarbeiten an, die als Souvenirs verkauft werden, und ebenso werden wahrscheinlich diese Ikonen-Reproduktionen in klösterlichen Werkstätten hergestellt«, antworte ich ihr. »Auch die Klöster wollen leben.«

Jeder deutsche Taxifahrer hätte Angst, sein Fahrzeug auf der steilkurvigen Schotterstraße nach Alt-Thera zu ruinieren und würde deshalb eine Fahrt hinauf als unzumutbar ablehnen. Unser Taxifahrer bleibt sogar in jeder unbefestigten Kurve stehen, wenn wir den Wunsch nach einer Panoramaaufnahme äußern. Wie haben die alten Griechen nur das Baumaterial für die Stadt und die zahlreichen Tempel auf solch steilen Wegen in diese Höhe transportiert? Das letzte Stück des steinigen Weges müssen wir zu Fuß zurücklegen.

Auf der Ostseite macht die Insel einen sanften Eindruck, und wären nicht die schwarzen Lavasandstrände, an denen das Meer mit weißen Schaumzungen leckt, könnten wir fast vergessen, daß wir uns auf einem immer noch in Aufruhr begriffenen Territorium befinden, wenn auch dieser Teil der Insel mit dem Gipfel des Profitis Ilias der älteste, feste Kern der Insel ist, um den verschiedene Krater ihre Lavamassen und Schlacken in früheren Jahrtausenden abgelagert haben.

Alt-Thera ist ein besonderes Kapitel in der Geschichte der Insel. Hier, auf dem bis an den Absturz zum Meer verlaufenden Bergrücken Mesavouno, dem erdbebensichersten Gebiet der Insel, siedelten sich – nachdem Strongyle nach der Katastrophe jahrhundertelang unbewohnt war – im 9. Jahrhundert v. Chr. dorische Einwanderer an. Thera, nach dem Anführer so benannt, entwickelte sich bald zu großer wirtschaftlicher und kultureller Blüte. Für die Bewohner von Strongyle waren in minoischer Zeit die guten Beziehungen zu den Kretern ersprießlich. Die antiken Bewohner von Thera schwärmten gar bis nach Nordafrika aus und gründeten dort die Kolonie Kyrene. Später diente Thera den Ptolemäern als Stützpunkt. Das Anlanden von Gütern war zu jeder Zeit ein Problem. Die flachgehenden Schiffe der Antike legten, je nach Windrichtung, beiderseits des Mesavouno-Bergstocks am Strand an; auch versunkene Molen am Kap Exomytis beweisen die Untauglichkeit des Geländes für den Bau von Hafenanlagen.

Ich bewundere immer wieder die Archäologen, darunter vor allem Hiller von Gärtringen, weil sie aus den verschiedenen Schichten der Bebauung Klarheit über das Aussehen der Siedlung in den einzelnen Perioden gewinnen konnten. Für mich ist es selbst mit einem Kunstführer in der Hand schwierig, die diversen Heiligtümer, Plattformen und Straßen zu lokalisieren, die auf der bald wieder überwucherten Anhöhe liegen. Dabei kann uns auch der korrekt uniformierte Wächter des Geländes, der die noch vorhandenen Mauerfragmente gewissenhaft beaufsichtigt, nicht helfen.

Es ist interessant, in Büchern nachzulesen, was sich hier alles zum alljährlich im September stattgefundenen Fest des Apollon Karneios an rituellen Mannbarkeitsspielen und fröhlichen Feiern zur Weinlese ereignet haben soll. Die auf Stein hinterlassenen Inschriften sind an Ort und Stelle allerdings nur mühsam zu entdecken.

Noch in byzantinischer Epoche war Alt-Thera bewohnt. Unter den Venezianern verlagerte sich im 13. Jahrhundert die Besiedelung dann an die Westseite der Insel. Übrigens haben die Venezianer den zweiten Namen von Thira, »Santorin«, geprägt. Es ist eine Verschmelzung von »Santa« und »Irini«, der Heiligen Irene. Die Bewohner nennen die Insel seit der Türkenzeit auch Phira, denn die Türken konnten das griechische »Th« nicht aussprechen.

Wir segeln an der Südküste entlang. Sie bietet den schönsten Blick auf den nackten Gipfel des Profitis Ilias, zu dessen Füßen sich eine schmale, grüne Fläche ausbreitet. An den Steilufern werden, scharf voneinander abgegrenzt, Schichten aus verschiedenem Gestein sichtbar. Der Seekarte nach sind hier im Süden einige Stellen zum Ankern geeignet, und im Vergleich zu den anderen Möglichkeiten ist hier die günstigste Bleibe.

Obwohl der Nordwind schwach ist und im Kraterbecken nur leichte Dünung herrscht, beansprucht die Suche nach einem zuverlässigen Liegeplatz unsere Aufmerksamkeit. Das ist sehr bedauerlich, und einen Moment lang wünsche ich mir die Unbeschwertheit eines Fährenreisenden, der sich uneingeschränkt der Betrachtung der Umgebung widmen kann. Allerdings kommt er nicht so nah wie wir an diese senkrecht abstürzende, zweihundertfünfzig bis dreihundert Meter hohe Küste heran, an der wir in geringer Entfernung entlanglaufen.

Alles, was hier in leuchtender Farbenpracht aufgetürmt ist, kam aus feuriger Tiefe an die Oberfläche: blauschwarz glänzender Basalt, rostroter Tuff, verhärtete Vulkanasche, geschmolzenes Urgestein – und über allem dieser unerhört eindrucksvolle weiße Bimsstein, ausgeglühte, gasdurchsetzte Lava, in die Luft geschleudert, herabgerieselt und zu einer kompakten Masse verbacken – dreißig bis sechzig Meter dick! Im Gegensatz zu diesen kontrastreichen Gesteinsschichten leuchtet das Wasser rundum gleichmäßig tiefblau.

Am Kraterrand kleben in schwindelnder Höhe die Ortschaften über dem Abgrund wie eine ständige Herausforderung. Oft genug werden sie hinuntergeschüttelt; das letzte Erdbeben im Jahre 1956 dauerte nur eine Minute und zerstörte zweitausend Häuser. Trotzdem bauen die Santoriner unverzagt ihre Häuser wieder auf, befestigen die Böschung mit Betonstützen oder durch die Anpflanzung von Opuntien und bessern die weggerutschten Serpentinenwege aus.

Vor allem für den Hauptort Thira ist dieser kieselgepflasterte Treppenweg eine wichtige Lebensader. Täglich kommen hier Vergnügungsdampfer an, die jeweils Hunderte von Touristen übersetzen. Nur wenige plagen sich zu Fuß die sechshundert Stufen hinauf. Die meisten mieten ein Maultier, es wird ihnen förmlich untergeschoben. Sie kommen auf dem Weg vom Boot hinauf nach Thira nah an der lauten, nach Mist stinkenden Endstation vorbei und müssen sich zwischen Tieren und Treibern durchzwängen.

Die Touristen reiten nicht bergan, sie werden von den armen, schweißtriefenden Maultieren von einem Treppenabsatz zum nächsten hochgehievt, an den Begrenzungsmauern entlanggeschrappt. Geschickt fangen die Tiere das Übergewicht auf, das sie bekommen, wenn ihre Hufe auf den blankgetretenen Steinen ausrutschen, trotten weiter, von hinten angetrieben, vom Gegenverkehr gebremst. Man weiß nicht, wen man mehr bedauern soll: die stummen, keuchenden Esel und Maultiere, die heisergeschrienen Treiber, elend und ausgemergelt von der Überanstrengung, oder die Touristen, die sich unsicher und ängstlich an die Tiere klammern und vor lauter Balancieren den grandiosen Ausblick verpassen. Die Treiber schinden ihre Tiere und schonen sich selbst nicht, in der Hoffnung, noch einen zweiten, ja einen dritten Gang zu ergattern, bevor die Schlange der unten Wartenden sich auflöst. Und sind sie zu spät dran, dann hetzen sie die Tiere ohne Last wieder hinauf, hängen sich selbst an den Schweif, um rechtzeitig oben in der Reihe zu stehen für den Kampf um den Abwärtstransport. Zu Fuß ist der Weg zwischen Tierleibern, Menschenbeinen und Dung zu den Stoßzeiten beängstigend. Es ist nun mal im Programm: Besichtigung der immer noch oder wieder hübschen Stadt, das heißt der Treppen, Kirchen und Häuserkuben über dem faszinierend leben-

▷ *Bimssteinabbau im Krater von Santorin*

▷▷ *Ostküste von Santorin*

digen Abgrund; der Blick über den in der Sonne gleißenden Krater, zum dunklen Geröll der neu entstandenen Inseln hinüber und zum gegenüberliegenden Ufer von Thirasia; Trinken, Essen und Souvenirs. Vor der Rückkehr zum Dampfer werden die Touristen an einer großen Tafel vorbeigeschleust, auf der die unbemerkt geschossenen Fotos von ihrem heldenhaften Ritt ausgestellt sind. Wer kann da widerstehen!

Wir haben den Vorteil, daß wir uns eine ruhigere Zeit für den Aufstieg aussuchen oder über einen der anderen Orte nach Thira gelangen können. Aber überall bereitet das Anlegen dieselben Schwierigkeiten. Vor Thira war vor Jahren eine Tonne ausgelegt, an der Yachten sternförmig mit Heckleinen zum Land festmachen konnten. Die Tonne wurde eingezogen. Jetzt liegen die Boote längsseit im Päckchen am Kai, und das ist eine unmögliche Situation.

»Das Festmachen an der Tonne war schon riskant, aber diese Lösung ist überhaupt keine«, kritisiert Gerd. »Vor Jahren waren wir hier, legten uns nichtsahnend an die Tonne und machten unseren Ausflug«, erzählt er weiter, »und als wir zurückkamen, da hatten wir die Bescherung. Das Heck war angeschlagen und die Hecklaterne ganz ab. Während wir unterwegs waren, hatten mehrere Yachten auf die gleiche Weise wie wir angelegt und die Tonne dabei immer weiter in Richtung Land gezogen, so daß unsere Leinen, die ja anfangs gespannt waren, immer lockerer wurden und schließlich dem Boot keinen Halt mehr gaben. Damit nicht genug. In der Nacht gab es ein Poltern und Schwanken: Ein Frachter war mit mäßigem Tempo vorbeigefahren und hatte so hohen Schwell verursacht, daß die auf Gedeih und Verderb zusammenhängenden Boote auf und ab tanzten und teilweise mit den Masten zusammenstießen. Der Schwell schwappte über den Kai. Nicht auszudenken, welchen Schaden am Kai längsseit im Päckchen liegende Boote in einem solchen Fall genommen hätten.«

Der Berufsschiffsverkehr ist hier beachtlich. Nicht nur Liniendampfer kommen täglich hierher, auch Kreuzfahrtschiffe und zahlreiche Frachter laufen Thira und Thirasia an. Santorin hat als Erwerbsbasis nicht nur den enormen Durchgangstourismus, mit dem es irgendwie fertig werden muß. Es exportiert große Mengen Bimsstein, an dem es einen schier unerschöpflichen Vorrat hat. Er wird im Tagebau abgetragen und über Förderbänder direkt in die Laderäume der Schiffe verfrachtet.

»Leider ist das Zeug so leicht, daß es schwimmt«, schimpft der Skipper. »Es wird von der Kühlwasserpumpe angesogen und legt sich vor den Filter.« Auch im Wasserzulauf zur Bordtoilette setzen sich die Krümel fest und machen die Membranen undicht. Es knirscht und knackt überall. »Wir müssen morgen, sobald wir aus dem Krater wieder raus sind, alle Leitungen gut durchpumpen und notfalls reinigen«, stellt uns Gerd in Aussicht. Nicht auszudenken, was durch eine verlegte Kühlwasserzufuhr passieren kann oder durch ein nicht mehr verschließbares Seeventil! Je nachdem, wohin der Wind die schwimmenden Bällchen treibt, kann es vorkommen, daß ein Anlegeplatz im großen Umkreis mit einer raschelnden Bimssteinschicht bedeckt ist. Von nahem betrachtet, zeigen die Steinchen feine Pastelltöne: hellgrün, gelb, grau, beige oder rosa.

Für die Nacht gehen wir in einer Bucht der Insel Nea Kammeni vor Anker. Die Atmosphäre ist unwirklich: Rechts und links türmen sich riesige Kohlenhalden, schwarzes, zerborstenes Gestein, das unter gewaltigem Druck aus der Tiefe des Kraters hochgepreßt wurde. Denn hier ist das gefährliche Zentrum, das in unterseeischer Tätigkeit sich wieder einmal Platz schaffen will. Nea Kammeni ist die jüngste der wiedererstandenen Inseln. Seit 1570 ist dieses Gebiet in ständigem tektonischem Aufruhr. Ich würde gern einen Film sehen, der im Zeitraffer wenigstens die Veränderungen und Ereignisse der letzten fünfhundert Jahre zeigt. Lang anhaltende Beben gab es, das Meer kochte, Dampffontänen und Schwefelwolken stiegen auf. Zeitweise kam die eingebrochene Bimssteindecke des ursprünglichen Vulkandaches wieder ans Tageslicht, weiße Scherben zeigten sich im schwefelhaltigen, sprudelnden Wasser. Dann stiegen langsam und stetig schwarze Lavamassen auf, kleine neue Inseln entstanden, die zur Insel Nea Kammeni zusammenwuchsen. Sie ist in ihrer jetzigen Gestalt höchstens zweihundert Jahre alt. Auch heute kann man auf warmes, blasendurchsetztes Schwefelwasser treffen, wenn man Nea Kammeni rundet oder Palaia Kammeni besucht. Die Entwicklung geht unaufhaltsam weiter.

Wir unternehmen einen Besichtigungsgang über Nea Kammeni und finden vielfältige Zeugen vulkanischer Tätigkeit: aus der Tiefe hochgestemmte Felsmassen, erstarrter Lavafluß, knöcheltiefe Vulkanasche, Vulkankrater mit Schwefelfähnchen und schwefelgelbe Verkrustungen um fauchend heiße Öffnungen. Nea Kammeni heißt »die Verbrannte«. Und doch trägt sie bereits erste Spuren pflanzlichen und tierischen Lebens.

Auch dieser Ankerplatz ist nicht gerade ideal, weil der Grund schnell abfällt und keinen festen Halt bietet. Aber wir liegen ruhig, zumal der Wind – o Wunder! – am Abend eingeschlafen ist. Es muß ein vielbesuchter Platz sein, denn rundum sind die schwarzen Lavabrokken bis in halsbrecherische Höhen hinauf mit Schiffsnamen und Daten bepinselt.

Gerd entdeckt nahe an unserem Liegeplatz ein Wrack unter Wasser; leicht hätten wir beim Einlaufen dagegenbrummen können. Es kann noch nicht lange auf Grund liegen, denn es ist noch kein Bewuchs daran zu bemerken. Ein Ausflugskaiki ist es, mit sauber gestrichenen, grünen Sitzbänken, die jetzt unter dem Sonnendach schwimmen. Sogar die bunten Glühbirnengirlanden sind noch zu sehen.

Bevor wir nach Ios zurücksegeln, wollen wir noch Thirasia besuchen, die kleinere Schwester von Thira. Sie steht ganz zu Unrecht im Schatten. Die Steilküste von Thirasia ist ähnlich geformt wie die von Thira, aber an ihren einladenden Ufern ist viel weniger Betrieb. Unsere Zeit wird uns knapp, trotzdem schauen wir noch in die Bucht von Palaia Kammeni hinein. Das ist die größte und interessanteste Badewanne, die ich kenne. An Ankern ist hier überhaupt nicht zu denken. Zwanzig Meter oder mehr muß die Wassertiefe betragen. Das Echolot verweigert eine genaue Angabe. Wer weiß, was sich da unten in der Tiefe tut! Wir können keinen Meter durchs Wasser blicken, es ist trüb, giftgrün und so warm wie ein Kinderbad. Wir könnten an den ausgeglühten Lavafelsen längsseit gehen, die unter der Wasseroberfläche noch zurückzuweichen scheinen.

An einer Boje legt ein Kaiki an, läßt die Gäste aussteigen, ein kurzes Bad nehmen und verläßt dann wieder diesen Platz. War das eine Kuranwendung? Hoffentlich vergiften wir uns nicht, wenn wir länger bleiben.

Der Wind frischt auf. Wir bekommen noch eine Nase voll Schwefelgeruch gratis mit auf die Reise. Kurs Nord. Die südlichste Insel der Kykladen hat bei Doris und Georg tiefen Eindruck hinterlassen. Auch Gerd und ich sind aufs neue fasziniert von den Gegensätzen, die hier aufeinanderprallen: einerseits das ertragreiche Bauernland an der Ostseite von Thira und spiegelbildlich dazu die sanfte Westseite Thirasias, andererseits die dramatischen Farbkontraste des Steilabsturzes an der Kraterinnenseite und die mitten im Kraterbecken liegenden, von nicht ruhenden Kräften durchpulsten, urweltlich unfruchtbaren neuen Inseln.

Würde uns jetzt eine Flutwelle einholen, wie sie vor dreitausendfünfhundert Jahren beim Einbruch des Kraters entstand... Ob die Bewohner von Akrotiri, durch die Ausbruchswolke und den Aschenregen gewarnt, damals überhaupt ein rettendes Ufer erreichten? Unsere Unterhaltung dreht sich weiterhin um solche Themen. »Warum hieß die Stadt mit ihrer minoischen Kultur Akrotiri«, sinniert Georg. »Niemand weiß, wie die Stadt hieß. Akrotiri ist das Kap, auf dem sie entdeckt wurde. Archäologen versuchten, in Akrotiri das versunkene Atlantis zu sehen, aber die These war trotz der sensationellen Funde und der Tatsache des plötzlichen Untergangs nicht zu halten«, erzähle ich ihm. »Vielleicht liegen noch andere Orte unter der Bimssteindecke?« spinnt Georg den Faden weiter. Vielleicht...

Sikinos und Pholegandros

Auf den ersten Blick erscheinen beide Inseln gleich karg und öde. Und doch wird jedem Fleckchen Land der bestmögliche Ertrag abgerungen. Daß dies mit unendlichen Mühen der Bewohner verbunden ist, wird deutlich, wenn man die schmalen Terrassen betrachtet, die sich wie ein vielfach unterteiltes Waschbrett den Hang zum Meer hinunterziehen. Wo der Marmor dem Schiefer weicht, sind Xerolithies, aus losen Steinen zusammengefügte Mauern, aufgerichtet. Sie sollen das spärliche Erdreich vor dem Wind schützen und

▷ *Nea Kammeni. Inschriften auf Lavagestein*

▷▷ *Ankerbucht Nea Kammeni*

JESSICA

verhindern, daß es in Regenperioden abrutscht oder weggeschwemmt wird. Auf den engen Feldern dazwischen werden Getreide, Bohnen und Wein angepflanzt. Gelobt werden die Feigen von Sikinos, und das Olivenöl soll ebenfalls vorzüglich sein. Trotzdem ist es fraglich, ob die immer geringer werdende Bevölkerung ihr Auskommen findet oder ob nicht auch hier, wie auf den anderen Inseln, die im Ausland lebenden Verwandten kräftig zum Lebensunterhalt beisteuern. Vom Fremdenverkehr ist nicht viel Gewinn zu erwarten. Zu gering ist das Angebot an Unterkünften, und die Schiffsverbindungen sind unzuverlässig, denn weder Ormos Skala, der Anlegeplatz für Sikinos, noch Karavostasi, der kleine Hafen von Pholegandros, sind sichere Anlaufstellen. Wenn von der Fähre aus das Ausbooten der Passagiere wegen zu hoher Dünung nicht möglich ist, halten lediglich Kaikia den Verkehr zwischen den beiden Inseln und Ios aufrecht.

Auch wir verbringen, von Santorin kommend, zunächst die Nacht in Ios, um die Entwicklung des Windes abzuwarten. Am nächsten Morgen können wir Sikinos ohne Schwierigkeiten anlaufen und später nach Pholegandros weitersegeln.

Beide Inseln sind nach bisherigen Erkenntnissen geschichtlich nicht hervorgetreten. Im Altertum lagen sie quasi am Ende der Welt, taugten sie höchstens als Verbannungsort für unliebsame Politiker. Den Venezianern dagegen waren sie für den Bau einer Festung nicht zu weit abgelegen. Die Herzöge von Naxos teilten die Inseln, die sie einmal in Besitz genommen hatten, unter ihren Verwandten auf. Und die Bevölkerung genoß einen gewissen Schutz vor Piratenüberfällen durch das Vorhandensein von Befestigungen und ihren Besatzungen, die bessere und mehr Waffen hatten als sie.

Wer Stille und Abgeschiedenheit sucht, dem kann ich die Inseln bestens empfehlen. Schon der Hafenort Karavostasi an der Ostseite von Pholegandros ist von wohltuender Beschaulichkeit. Die Langsamkeit, mit der uns der Tavernenwirt ein Getränk serviert, hat fast etwas von einer feierlichen Handlung an sich.

Doch die Zeit, als das einzige Verkehrsmittel zum Hauptort das Maultier war, gehört der Vergangenheit an. Die große Errungenschaft der letzten Monate ist ein Inselbus deutscher Fabrikation, der sich regen Zulaufs erfreut. Junge Leute und Kinder können jetzt ohne Mühe und Zeitaufwand zum Baden in den Hafenort hinunterfahren. Als wir den Kleinbus benutzen, hat er kaum mehr als tausend Kilometer auf dem Tachometer. Bedenkt man die geringe Entfernung von drei Kilometern zwischen Karavostasi und der Chora und zieht man in Betracht, daß er ein- bis zweimal täglich verkehrt, so hat er die Strecke immerhin schon hundertsiebzigmal in einem Vierteljahr zurückgelegt. In einem Jahr und vier Monaten kann er das erste Jubiläum über tausend Fahrten feiern und hat doch erst sechstausend Kilometer auf den Reifen.

Als wir oben im Hauptort ankommen, sind die Bewohner gerade dabei, Wasser zu holen. Anscheinend sind die zwei oder drei öffentlichen Wasserhähne nur zu bestimmten Stunden geöffnet. Die Leute schauen uns verwundert an. Sie kennen den Fahrplan der Fähre und vermuten richtig, daß wir mit einem anderen Fahrzeug angekommen sind. Sofort sind sie zu einem Gespräch bereit. Wir freuen uns, daß wir wieder einmal in einem Ort sind, in dem die spontane griechische Herzlichkeit noch zu spüren ist! Ich bewundere an einem Hauseingang grüne Ranken mit kleinen, weißen Blüten; es ist eigentlich nur die zarte Harmonie zwischen weißer Wand und grüner Tür, die sich im Weiß und Grün der Kletterpflanze wiederholt und mich deshalb darauf deuten läßt. Schon bricht der Besitzer des Hauses mir einen kleinen Zweig mit Blüten ab. Ich kann ihm nicht erklären, daß mir der Anblick an der Hauswand vollauf genügt hätte. Hüten Sie sich also, in solchen Gegenden einen alten Olivenbaum wegen seines knorrigen Stammes zu loben! Womöglich wird er Ihnen verehrt.

Wir stehen da und staunen, und auch die Bewohner von Pholegandros scheinen sie selbst zu genießen: die grandiose Aussicht über die Insel und auf das Meer und die kräftige, würzige Luft. Als ich in die Ferne weise, nickt ein Mütterchen bestätigend und ruft aus: »Orea, orea . . .« – »schön, schön . . .« und macht dazu eine Handbewegung, als wolle sie sich noch mehr von der herrlichen Luft zufächeln, und als Erklärung dazu sagt sie: »Kala thalassa . . .« – »gutes Meer . . .«

Fast von jedem Punkt der Insel ist das Meer in seiner schimmernden Schönheit zu sehen. Am Steilabsturz in der Nähe der Kirche Panaghia droht es schwarz zu uns herauf. Ein weiß eingefaßter, breiter Treppenweg führt weiter hinauf, vorbei an einem

▷ *Fischer bei der Arbeit*

ebenso weiß gehaltenen Friedhof. Hier irgendwo soll sich die antike Siedlung befunden haben. Einzelne eingemauerte Marmorreste machen uns darauf aufmerksam. Auf Schritt und Tritt klappern Keramikscherben tönern unter unseren Schuhen. Antiker Schutt ringsum, wertlos, aber wir versuchen uns vorzustellen, wie die Menschen gelebt haben, die hier die Gefäße benutzten, deren Scherben so lange Zeit überdauerten. Gehörte die kleine Scherbe einst zu einem Krug, einer Schale?

Wir gehen zum Dorf zurück: eine Oase der Stille, Kaffeehaustische unter angenehm schattigen Bäumen. Diese weiße Gasse gibt es wirklich! Wir hatten sie vorher häufig auf Ansichtskarten gesehen, ohne Ortsangabe, anonym, als »typische Gasse« oder ähnlich bezeichnet. Hier ist sie. Ein Moment freudigen Erkennens: Das blendende Weiß der niedrigen Häuser und die bis in die Mitte der Gasse reichenden Treppenaufgänge, das knallige Blau von Türen, Fensterläden und Geländern, und Blumen über Blumen, wohin wir auch schauen. Wir trauen uns kaum zu fotografieren, so intim ist die Atmosphäre zwischen den eng aneinandergrenzenden Wohnbereichen.

Bevor wir die alte Privatkirche mit der morschen hölzernen Pforte besichtigen können, muß die Besitzerin verständigt werden. Sie öffnet uns das Tor und erzählt uns lange Geschichten, die wir nicht verstehen, über die Bedeutung der Gemälde. Dabei hebt sie, das bekommen wir mit, ganz besonders die künstlerische Leistung ihres Großvaters hervor. Trotzdem imponieren uns die älteren, nachgedunkelten Ikonen mehr. »Kala, kala . . .« Was sollen wir sonst sagen? Ob sie wohl eine Spende erwartet oder nur ein Kerzenopfer? Wir bedanken uns umständlich. Die Frau schließt sorgfältig die Tür ab und kehrt in ihr Haus zurück, ohne Hast, als wäre es ihre wichtigste Beschäftigung, den verständnislosen Fremden immer wieder die Legenden ihrer Hausheiligen zu erzählen.

Bis zum letzten Platz ist der Inselbus besetzt, mit dem wir zum Hafen zurückkehren. Dort gebärdet sich die »Moana« wie ein störrischer Gaul, der nicht ins Halfter möchte. Sie reißt die Ankerkette hin und her und klatscht mit ihrem breiten Hinterteil immer wieder so heftig auf die Wellenberge der Dünung, daß das Wasser weit nach beiden Seiten spritzt. Wir werden uns für die Nacht einen besseren Platz suchen müssen. Wir brechen sofort auf und segeln um das Südkap von Pholegandros herum und in die etwas besser geschützte Bucht Ormos Vathy.

Die Milos-Gruppe

Wenn sich ein bleicher, sonnenhungriger Mitteleuropäer über die Seekarte der südlichen Kykladen beugt, kann er leicht aus dem Häuschen geraten vor Begeisterung über die vielen blauen Ränder, die sich die Inseln der Milos-Gruppe wie modische Rüschen um ihre Küsten drapiert haben. Und wirklich! Außerordentlich zahlreich sind die schönen Ankerplätze rund um Milos, Kimolos und Polyaigos. Antimilos wollen wir den Wildziegen überlassen, zu unnahbar sind seine Ufer und ruppig die Fallböen, die vom fast siebenhundert Meter hohen Eiland herabstürzen. Zwar trifft dies auch für einen Teil von Milos zu, wer aber ein wenig die vorherrschende Windrichtung und die Lage der Ankerplätze überlegt, kann Badebuchten entdecken, die durch einmalige Formationen des sie umgebenen Landes einen unerhörten Reiz haben.

Wieder ist es die geologische Beschaffenheit, der Milos und die beiden Nachbarinseln die landschaftliche Vielfalt verdanken. Kalk, Mergel und Gips, überlagert von Lavaströmen und Bimsstein, Schwefel und Baryt – ein reichhaltiges vulkanisches Sonderangebot offenbart sich unserem Blick und belebt das Landschaftsbild. Weit vor der Küste haben sich eigenwillige Gebilde über die Wasseroberfläche erhoben, geologische Sehenswürdigkeiten ersten Ranges: Glaronissia, die Möweninseln. Teils sehen sie wie versteinerte, aus dem Meer emporgewachsene Orgelpfeifen aus, teils wie markante, braunschwarze Baumrinde, ein Spiel der Natur. In die Nähe dieser Klippen kann man sich freilich nur bei ganz ruhiger See wagen.

▷ *Santorin. Serpentinenweg nach Thira*

Der Reichtum an Bodenschätzen verhalf Milos bereits in der Jungsteinzeit zu großer Bedeutung. Vor allem die Vorkommen von Obsidian, einer durch plötzliches Erkalten außerordentlich hart gewordenen Lavamasse, die zur Herstellung feiner Schneidewerkzeuge und Speerspitzen verwendet wurde, trugen dazu bei. Noch in der Antike waren Obsidianmesser aus Milos begehrt. Ein Beweis des materiellen Wohlstandes der Insel war der hohe Beitrag, den sie zum Attischen Seebund leisten mußte.

Ein weiteres Geschenk der Natur sind die schwefelhaltigen Thermalquellen. Wahrscheinlich ist auch die außerordentlich geschützte Bucht von Milos, ein Naturhafen größten Ausmaßes, früherer Vulkantätigkeit zu verdanken. Man vermutet, daß hier, ähnlich wie bei Santorin, ein Vulkankegel einbrach und so das weiträumige Becken des heutigen Hafens entstand. Dieses Ereignis dürfte allerdings sehr viel weiter zurückliegen als die Katastrophe von Strongyle-Santorin. In geschichtlicher Zeit war diese Hafenbucht, und das ist sie immer noch, bevorzugter Stützpunkt der Kriegsmarine, heute aber auch sicherer Liegeplatz für die Berufs- und Sportschiffahrt.

Die Siedlungen des dritten und zweiten vorchristlichen Jahrtausends waren über die ganze Insel verteilt. Der Ausfuhrhafen für Obsidian befand sich an der Nordküste. Bei Ausgrabungen wurden durch die Freilegung von Fresken und kretischer Keramik enge Kontakte zur minoischen Kultur Kretas festgestellt.

Man fragt sich heute nur, wieso der Hafen an der dem Wind und Seegang am meisten ausgesetzten Nordküste lag. Oder sollte es damals noch keine Etesien gegeben haben? Wenn von der Verkarstung der einstmals bewaldeten Inseln die Rede ist, macht man in erster Linie den verheerenden Raubbau an Holz dafür verantwortlich, wie er vom Altertum bis zur Türkenzeit für den Bau von Schiffsflotten und Festungsanlagen getrieben wurde. Zaghafte Stimmen erwägen allerdings die Möglichkeit einer ersten Entwaldungswelle im Zusammenhang mit dem Ausbruch des Vulkans von Strongyle (Santorin), der die umliegenden Inseln mit einem Glut- und Aschenregen überschüttet haben könnte.

Im Altertum gab es auch auf Kimolos einen begehrten Rohstoff. Die Tonerde, heute Kimolit genannt, war einst als Waschpulver und für Heilanwendungen begehrt.

Daß auch heute noch auf Kimolos und Milos verschiedenartige Bodenschätze, wie Alaun, Ton, Kaolin und Gips, abgebaut werden, zeigen die weißen Halden an der Küste. Übrigens muß zwischen Kimolos und Milos noch in der Antike Landverbindung bestanden haben. Erst durch spätere tektonische Veränderungen wurden die Inseln getrennt, wobei auch die antike Stadt an der Südwestseite von Kimolos, Ellinika, im Meer versank. Schnorchler können in der Bucht bei der kleinen Insel Andreas Mauerreste davon unter Wasser erkennen.

Wer nur die Seekarte im Maßstab 1:150000 an Bord hat, wird darauf vergeblich den Hafen Psathi suchen; zu unwichtig ist diese Bucht für die Berufsschiffahrt. Die Fähren nach Piräus halten in einiger Entfernung von der kurzen Pier. Zubringerboote transportieren die Passagiere zu ihr hin und holen andere von dort ab. Es ist verwunderlich, daß Psathi überhaupt im Fährverkehr berücksichtigt wird. Der Tourismus auf Kimolos ist gering, und zur Nordostküste von Milos besteht ohnehin Fährverkehr. Für die Bewohner des Ortes ist freilich die Abfertigung einer Fähre ein willkommenes Ereignis, das ihnen auch längere Wege wert ist. Deshalb ist die Pier jedesmal mit Menschen überfüllt, obwohl nur wenige davon verreisen wollen oder gerade angekommen sind.

Hier treffen wir seit Ios zum ersten Mal wieder auf ein paar Yachten, die im Konvoi segeln. Sie liefen Psathi an und ankern nun vor dem Strand. Es ist gar keine schlechte Idee, wenn mehrere Boote gleichzeitig starten und sich gegenseitig ein wenig im Auge behalten. Manchmal fällt eine notwendige Entscheidung, zum Beispiel zurückzulaufen, leichter, wenn der andere, womöglich Erfahrenere, den Anfang macht.

Die Versorgungsmöglichkeiten in Psathi sind sehr bescheiden, doch wird es mir als der Ort in Erinnerung bleiben, in dem ich mir den teuersten Schafskäse habe andrehen lassen. Kimolos selbst, eine halbe Wegstunde entfernt auf einer malerischen Anhöhe gelegen, mag früher einmal ein stattlicher Ort mit einem in der Anlage interessanten Kastell gewesen sein, das die Wohnhäuser in seine Mauern einschloß. Heute ist es vollständig verfallen, die letzten alten Häuser sind verwahrlost und auch die Windmühlen über dem Ort nur noch Ruinen. Die moderneren Häuser haben sich außerhalb des ehemaligen Stadtkerns locker aneinandergereiht. Von dort ist der Blick auf das flach auslaufende Land bis zum Meer frei.

Für Sportbootreisende hat die Meerenge zwischen Kimolos und Milos den Vorteil, daß sie nicht um ganz Milos herumsegeln müssen, wenn sie den Hafen Adamas anlaufen wollen. Navigatorisch gibt es hier an der Nordküste keine Schwierigkeiten. Bei Meltemi muß man lediglich weit genug vom Land wegbleiben, weil der Seegang stark nach Süden versetzt.

Die Küste bietet ein abwechslungsreiches Bild, und wir können uns gut vorstellen, daß hier, wie auf allen Seiten von Milos, der Aufenthalt für Urlauber, die über Land an die schönen Sandstrände kommen, sehr erholsam ist. Aber auch für Sportboote gibt es einige selbst bei Meltemi sichere Ankerplätze. Wer sich ein paar Tage lang nicht aus der Bucht von Milos hinaustraut, findet innerhalb des weitläufigen Beckens mit seinem Boot immer wieder andere schöne Stellen zum Baden und Tauchen. Adamas, der Hafen im Ormos Milou, ist für die Versorgung ausgezeichnet geeignet, hat sogar Wasser und bietet genügend Abwechslung, so daß den Eingeweihten die Zeit niemals zu lang werden wird.

Ich habe einiges aus der Vergangenheit von Milos angedeutet. Es gäbe noch viel mehr darüber zu erzählen, und vielleicht finden Sie Zeit, sich näher mit dem Hauptort Milos, auch Plaka genannt, zu beschäftigen, während draußen der Meltemi pfeift.

Gleich nach dem Anlegen nehme ich mir die zerrissene Genua vor, um zu sehen, ob daran mit Bordmitteln noch etwas zu retten ist. Auf diese Weise komme ich mit dem Skipper des Nachbarbootes ins Gespräch, der mir am liebsten sein Großsegel zur Reparatur geben würde. Dabei kommt eine traurige, aber leider nicht seltene Geschichte ans Tageslicht. Die Crew war vergnügt in Athen mit einem Charterboot gestartet, hatte aber bei der Übernahme des Bootes versäumt, die Segel zu kontrollieren. Wegen des kräftigen Windes hatten sie das Groß nur gerefft benutzt, so, wie sie es vorfanden. Doch beim Ausreffen gab es eine böse Überraschung: Das Großsegel war am Unterliek von vorn bis hinten zerrissen und wurde nur durch die Refffösen und -bändsel am Baum gehalten. Bis Milos war die Sache gut gegangen, aber es war für die Segler ein mulmiges Gefühl, mit einem derart aufgeschlitzten Segel durch die Ägäis zurückzukreuzen. Außerdem mußten sie für einen Schaden geradestehen, den sie nicht verursacht hatten.

Wie es in Yachthäfen vorkommt, zieht dieses Gespräch Kreise, und jeder der Anwesenden weiß aus eigener Erfahrung oder vom Hörensagen ähnliche Schauergeschichten von Charterbooten zu erzählen. Gewiß gibt es auch außerordentlich zuverlässige Vercharterer, aber dieses Beispiel zeigt, daß Segler nicht vorsichtig und gründlich genug bei der Übernahme eines gemieteten Bootes sein können. Es ist nicht gesagt, daß der Vercharterer um den Schaden wußte, als er das Boot an die nächste Crew weitergab.

Gegen Abend werden die Geschäfte wieder geöffnet, und ich schlendere durch die Gassen, um unsere Vorräte an Lebensmitteln aufzufüllen. In einem Supermarkt finde ich eine so üppige Auswahl vor, daß ich übermütig werde und schließlich nicht alles bezahlen kann. Aber glauben Sie, der Kaufmann läßt mich erst zum Hafen zurückgehen und den fehlenden Betrag holen? Nein, er packt mir alle Plastiktüten – mit denen die Griechen ja nicht sparsam sind! – auf und verabschiedet mich mit einem vertrauensvollen: »Okay, argotera. . .« – ». . .später. . .« So schnell es geht, bin ich wieder zur Stelle und begleiche meine Schuld, bevor nur ein Fünkchen Zweifel aufkommen kann.

Immer wieder staune ich über das umfängliche Angebot in den Lebensmittelläden auf kleinen Inseln. Die Auswahl ist zwar mit der in deutschen Läden nicht zu vergleichen, doch ist das Warenangebot in der Quantität enorm. Was da an Werten aufgestapelt ist, wirkt im Vergleich zur Bevölkerungszahl wie ein Eichhörnchenvorrat. Selbst bei einer wochenlangen Versorgungslücke wäre die Verpflegung gesichert. Auf Inseln, die selbst weniger Nahrungsmittel produzieren, als die Touristen verbrauchen, ist der Ausfall einer großen Warenlieferung empfindlich zu merken, aber nur in bezug auf Gemüse und Obst. Nudeln, Öl und Tomatenmark gehen so schnell nicht aus, und das reicht schließlich für eine sättigende Mahlzeit.

Vor Jahren brachte ich einen griechischen Kaufmann schier zur Verzweiflung, weil ich – es war im Frühjahr – Zwiebeln brauchte. Gin und Whisky, Honig und sogar Schokolade konnte er mir wortreich offerieren, aber keine Zwiebeln, heiliger Nektarios! Er raufte sich dazu die kaum noch vorhandenen Haare.

▷ Santorin. Schwefelwasser in einer Bucht von Palaia Kammeni

▷▷ Santorin. Lavagestein auf Nea Kammeni

In Milos braucht man sich um die Anlieferung von Gemüse nicht zu kümmern. Zuverlässig wie ein Wekker erscheint hier morgens der Gemüseesel am Kai. Ich kaufe Tomaten, Auberginen, Gurken und Artischocken. Als nächstes suche ich nach einer Bäckerei. Da die Gassen von Adamas steil bergauf gehen, hilft mir die Nase diesmal wenig dabei. Aber es dauert nicht lange, bis ich das Schild »Artopolion« über einer Tür erblicke. Es hat nichts mit hehrer Kunst zu tun, sondern bedeutet einfach »Bäckerei«. In Adamas wird zweimal am Tag Brot gebacken, und ich erwische zufällig ein süßes, stark gewürztes, aus dem, wenn es erst trocken ist, durch Aufbacken Scheibenzwieback gemacht wird. Dieses Brot ist ein gut haltbarer, schmackhafter Vorrat, zum Beispiel für den Fall, daß eine Fahrt länger als vorgesehen dauert und Kochen unterwegs wegen des Seegangs nicht möglich ist.

Auf dem Rückweg kommt Gerd mir entgegen und zieht mich die hohen Treppen wieder mit hinauf. »Da ist eine Kirche mit einer schönen, alten Ikonostase, die solltest du dir anschauen.« Gut. Eine Bilderwand mehr oder weniger anzuschauen kommt mir im Moment nicht so wichtig vor. Aber jede für sich ist sehenswert, stelle ich bald danach fest. In der Kirche werden gerade Renovierungsarbeiten ausgeführt. Es herrscht das geordnete Durcheinander, das Handwerker nun mal zu verursachen pflegen. Darüber scheint die Aufseherin der Kirche sehr unglücklich zu sein. Die weihevolle Stimmung im Gotteshaus ist durch all die profanen Dinge ringsum gestört. Sie huscht von einem Altar zum andern, einen Weihrauchkessel in der Hand, murmelt halblaut Gebete, schwenkt das Kesselchen gegen die starren Gesichter der Heiligen, als wolle sie damit wenigstens deren Aureole retten, schleicht um uns herum, murmelt, beweihräuchert auch uns und wendet sich geschäftig wieder ihren Ikonen zu, ohne uns aus den Augen zu verlieren. Solcherart gereinigt, werfen wir eine Münze in das bereitstehende Kästchen und wollen dafür eine Kerze in den Messingleuchter stellen. Aber ehe wir noch die dem Geldwert entsprechende Größe auswählen können, ist das Weiblein schon wieder zur Stelle, schiebt mich zur Seite, murmelt, sucht das allerdünnste Kerzchen aus und entzündet es für uns an dem Leuchter. Nach diesem angemessenen Opfer läßt sie uns in der Kirche allein.

Abends essen wir in einer Taverne am Hafen. Der Andrang ist groß, es sind viele Yachtleute da und auch andere Touristen, deshalb haben wir uns schon vorher einen Tisch reservieren lassen. Ob es Fisch geben wird, kann der Wirt vorher nicht sagen. Er muß die Rückkehr der Fischer abwarten. Haben sie wenig gefangen, behalten sie es für den eigenen Bedarf, haben sie einen guten Fang gemacht, verkaufen sie die größeren Fische an die Taverne. Es entsteht jedesmal eine Menschenansammlung am Kai, wenn ein Fischerboot einläuft und der Fang ausgeladen wird. Oft ist es bitter wenig, was sie mitbringen. Diesmal haben sie einen großen Eimer Marides gefangen, winzig kleine, sardinenähnliche Fische, die – in Mehl gewendet und knusprig ausgebacken – mit Kopf und Schwanz verspeist werden. Für alle reicht auch die größte Portion nicht aus. Wir müssen uns in der Küche unter den fertigen Gerichten, die in großen Aluminiumbehältern warmgehalten werden, etwas Passendes aussuchen. Da gibt es mit Reis gefüllte Tomaten und Auberginen, Rindfleisch in kräftiger Soße oder einen Auflauf aus Makkaroni mit Hackfleisch, alles triefend von Olivenöl. Der Inselwein wurde entweder durch die vielen Fremden schnell verbraucht, oder er wird erst gar nicht angeboten. Wir müssen mit den überall erhältlichen Festlandsweinen vorliebnehmen.

Wenn man einen Ausflug über eine Insel unternimmt, sollte man sich möglichst keine zeitlichen Vorstellungen machen; denn es kommt doch anders, als man denkt. Unser Ausflug nach Milos verläuft zunächst ganz planmäßig. Wir nehmen am Hafen ein Taxi und fahren die Straße bergauf. Der Fahrer zeigt uns unterwegs eine der aus gewachsenem Stein gehauenen trapezförmigen Grabmulden, in denen die Toten in Hockstellung beerdigt wurden. Solche Gräber sind zahlreich über die ganze Insel verstreut. Ferner erklärt er uns, daß »milo« Apfel bedeute und Milos danach heiße. In archaischer Zeit sei der Apfel als Sinnbild der Insel auf Silbermünzen geprägt worden. Dann holt er ein paar abgegriffene Kupferlinge hervor, ohne Apfel, und macht Andeutungen, daß die Polizia solche Funde schwer verfolge. Wir fragen lieber nicht, wie er zu diesen Münzen gekommen ist, und lenken vom Thema ab.

In Milos trennen sich unsere Wege. Georg und Doris steigen zum venezianischen Kastell hinauf, das – wie fast auf jeder Kykladeninsel – den besten Aussichtspunkt verspricht. Der Ort Plaka ist sauber und anheimelnd, wie viele andere Inselorte auch. Gerd und ich schauen das kleine Heimatmuseum an, das wohl den Eindruck griechischer Wohnkultur vermitteln will, aber eher ein Sammelort mehr oder weniger seltener persönlicher Erinnerungsstücke ist. Wir wollen uns den Fundort der berühmten »Venus von Milo« anschauen und steigen zum nächsten Ort, nach Tripiti, hinunter. Die Marmortafel, die an den Fund im Jahre 1820 erinnert, entdecken wir schließlich unter einem Gebüsch versteckt. Das Original der berühmten Statue steht im Louvre. Aber auf Milos werden natürlich Nachbildungen in vielen Größen als Souvenir angeboten. – In der Nähe der Marmortafel liegt das kleine römische Theater. Die Katakomben aus dem 3. Jahrhundert finden wir verschlossen. Den Schlüssel kann man angeblich irgendwo in Tripiti erhalten.

Gerd, dieser unersättliche Hafensammler, will auch noch den antiken Hafen in Augenschein nehmen, und wir wandern zu diesem Zweck in der größten Vormittagshitze den staubigen, schattenlosen Weg zum Meer hinunter. Dort stoßen wir auf eine entzückende, im wahrsten Sinne des Wortes urwüchsige Ansiedlung. Ein Fischerschuppen ist hier an den nächsten gebaut, die Öffnungen ohne Türen sind mit Netzen oder einem behelfsmäßigen Sonnenschutz verhängt, flatternd in fröhlicher Buntheit. Planschende Kinder tollen in dem flachen Wasser herum, junge Frauen und alte Leute sitzen gemächlich im Schatten einer Tamariske.

Das ist Klima, die Sommerfrische der Einheimischen, schon vom Namen her vielversprechend. Antike Hafenanlagen können wir zwar nicht entdecken, es sei denn, daß die Mauern zwischen den befestigten Schrägen, über welche die Boote in die Schuppen gezogen werden können, aus alten Quadern bestehen. Wir fallen als Fremde hier natürlich auf. Ein alter Herr spricht uns auf englisch an. Er war lange Jahre im Ausland und verbringt den Rest seines Lebens in der Heimat. Sofort schleppt er aus dem Wohnraum über dem Schuppen einen Berg zerknitterter Fotos heran, die wir uns ansehen müssen. Kinder, Enkel, sonstige Verwandte. Mir schwirrt der Kopf von all den Namen und Verwandtschaftsbeziehungen. Gerd deutet verstohlen auf seinen knurrenden Magen. Der Weg bergauf bis Tripiti ist weit, die Straße zum Hafen Adamas noch weiter. Dazu knallt die Sonne erbarmungslos vom Himmel. Taxi? Nein, das gibt es hier nicht. Aber nach Adamas können wir doch mit dem Boot fahren! Schon macht sich der alte Herr für uns auf die Suche. Nikolaos! Der wird fahren. Aber vorher will Nikolaos sich seinen Fisch braten. Wir sitzen im Weg herum. Mürrisch schuppt Nikolaos an seinem halbvertrockneten Fischlein herum, wir stören ihn offensichtlich dabei. Deshalb wirft er plötzlich den Fisch in eine Plastikdose und bricht mit uns auf. Auch fürs Erinnerungsfoto macht er kein freundliches Gesicht. (Um so überraschter sind wir später, als von ihm für das zugesandte Foto eine Dankeskarte kommt, die er sich von einem Touristen schreiben ließ.)

Auf dem Wasserweg kommen wir schnell nach Adamas. Der mürrische Nikolaos hat an der Fahrt nicht schlecht verdient. Eigentlich könnte er sich ein Essen in der Taverne dafür leisten. Aber er kehrt sofort nach Klima zurück, um endlich verspätet seinen Fisch in die Pfanne zu bringen.

Doris und Georg haben inzwischen auch allerlei erlebt. Während sich Georg nach einem Fahrzeug für den Rückweg zum Hafen umsah, trottete Doris zu Fuß voraus. »Stellt euch vor«, erzählt sie, »da kommt doch plötzlich ein Laster hinter mir her, in dem sitzt Georg und winkt und schreit. . .«

»Er konnte mich doch nicht verstehen«, unterbricht Georg, »er fuhr immer schneller den Berg hinunter. Ich konnte ihn nicht dazu bringen, anzuhalten. Er verstand einfach nicht, daß Doris auch noch mitfahren sollte.«

»Ich habe sicher blöd dreingeschaut. Die waren so schnell an mir vorbei, und ich mußte mir Augen und Nase zuhalten wegen der Staubwolke.«

»Was sollte ich denn tun? Im Hafen habe ich dann ein Taxi genommen und bin wieder zurückgefahren, bis ich Doris traf.«

»Und denkt euch nur! Obwohl die Fahrt so kurz war, hat der Taxifahrer mir ein Tränenkrüglein geschenkt.«

»Ein Tränenkrüglein?« frage ich ungläubig. »Ja, schau her! Dieses Glas stammt von einem antiken Tränenkrüglein.«

»Wirklich?«

Doris hält ein matt schimmerndes, hellblaues Stummelchen in der Hand, das leicht von einem gläsernen Gefäß stammen könnte. Es ist viel zu klein, um überhaupt erkennen zu lassen, welche Form das Gefäß hatte, von dem es abgebrochen war, aber groß genug, um die Phantasie zu beflügeln . . .

▷ *Nordostküste von Pholegandros*

▷▷ *Pholegandros. Gasse in der Chora*

Seriphos

Unsere Absicht, dem Wind ein Schnippchen zu schlagen, geht wieder einmal völlig daneben. Wir hatten uns das so schön ausgemalt, vor Sonnenaufgang die vier Seemeilen vom Hafen bis zur Ausfahrt der Bucht von Milos unter Motor zurückzulegen und später mit einsetzendem Wind gemütlich nach Seriphos zu segeln.

Um 03.40 Uhr lichten wir – lautlos wie Seeräuber – die Anker. Die anderen Yachten liegen fast regungslos an ihren Plätzen. Ein leichtes Lüftchen kräuselt das Hafenwasser. Der Fähranleger ist taghell erleuchtet. Wir lassen Adamas mit dem auffälligen Uhrturm hinter uns. Klima liegt stockdunkel da. In der Ausfahrt kommt uns ein Frachter entgegen. Es ist nicht seine Heckwelle, die die »Moana« hin- und herwirft, nein, es ist die Dünung, der wir entgegenfahren. Zwar haben wir rechtzeitig die Fock gesetzt, aber an Segeln ist nicht zu denken. Der Wind ist noch zu schwach. Die Maschine läuft weiter. Trotzdem kommen wir immer langsamer voran. Das kann ja wieder einmal heiter werden! Ein Knoten Fahrt. Gerd schimpft.

Das Leuchtfeuer auf der vorgelagerten Insel zeigt uns zuverlässig den Weg. Auf der anderen Seite heben sich die scharfen Klippen vor Milos gegen den Morgenhimmel ab. Manchmal denke ich für mich, daß das Beste am Segelboot die Maschine ist. Aber wehe, wenn sie ausfiele! Mit Segeln allein kämen wir hier nicht an den Klippen vorbei.

Georg kommt in voller Vermummung nach oben. Er hat schon gemerkt, daß es heute nicht ohne Duschen abgehen wird. Über Kimolos geht die Sonne auf. Das Vorsegel schlägt so hart hin und her, daß es mir in der Seele weh tut. Bei solchen Anlässen wird das Material mehr strapaziert als bei viel Wind und gleichmäßigem Druck.

Ganz allmählich nimmt der Wind zu. Gleichzeitig dreht er von Nordwest auf Nord und kommt uns nun genau entgegen. Wir müssen etwas mehr auf Siphnos zuhalten. Mir wäre Siphnos als Ziel auch recht. Doch wie ich den Skipper kenne, läßt er zwei Meilen vor der Insel wenden. So nah kommen wir aber gar nicht ran. Wir mogeln uns, immer noch mit Motorhilfe, möglichst hoch am Wind in nördliche Richtung. Das soll Segeln sein! Danke. Ich begebe mich unter Deck.

Doch was ist das? Auf der langen Arbeitsplatte meiner Küche schwappt Wasser hin und her. Es steigt aus dem Spülbecken hoch! Ich hatte das Seeventil des Spülbeckenablaufs nicht geschlossen! So sicher war ich, daß wir eine ruhige Fahrt haben würden. Als der Seegang sich bemerkbar machte, hatte ich nicht mehr an das Ventil gedacht. Sonst schließe ich es grundsätzlich vor dem Auslaufen. Seit mindestens zwei Stunden steigt also das Seewasser durch den Schlauch nach oben und ergießt sich in alle erdenklichen Ecken und Fugen. Doris und Georg bemerkten nichts, das Maschinengeräusch war lauter als das glucksende Fließen des Wassers.

Das Seeventil ist im Nu geschlossen. Doch wie sieht meine Pantry aus! Von den Fächern mit dem Geschirr rede ich nicht; die sind schnell ausgetrocknet. Aber die Schubladen! Schubladen, um die mich jede andere Bordfrau beneidet: tief, vielfach unterteilt und so geräumig! Ja, geräumig auch für Salzwasser! Gerds Werkzeug in den unteren Fächern kümmert mich wenig, das ist ohnehin immer voller Rost, sooft ich es auch mit Motoröl, Petroleum oder gar feinstem Waffenöl behandle. Aber »meine« Schubladen! Servietten, Bestecke, Küchengeräte aller Art, Tütensuppen, Puddingpulver und am schlimmsten betroffen: die Gewürze. Ich habe bisher nicht gewußt, daß ich so viele verschiedene Gewürzdosen und -gläser an Bord vorrätig habe. Ich muß sie einzeln abtrocknen und beiseitestellen, vor dem Herunterfallen sichern und dann wieder in diese verflixte Riesenschublade einräumen. Das Wasser floß nicht einfach, wie es sich eigentlich gehört, in die Bilge. Die »Moana« arbeitete fleißig im Seegang und ermöglichte damit dem neugierigen Salzwasser eine umfassende Yachtbesichtigung. Es schoß senkrecht und diagonal die Bordwände auf und ab, stieg in Schubladen ein und machte auch vor den Schlafsäcken nicht halt.

Langsam bekomme ich Hunger. Schließlich sind wir nun schon einige Stunden unterwegs. Ich habe mir längst abgewöhnt, die Seemeilen bis zum Tagesziel abzustecken und durch die mögliche Geschwindigkeit zu dividieren. Selten kommt man früher an als berechnet. Fast immer dauert es länger, viel länger.

Das süße Brot von gestern schmeckt widerlich. Es müßte erst zum Zwieback überbacken werden. Doris wälzt sich in der Koje. Sie ist nicht seekrank, traut sich aber bei den heftigen Bootsbewegungen nicht in die Vertikale. Ich reiche den unverzagten Seglern ein paar trockene Kekse hinaus, dann kauere ich mich, erschöpft vom Trockenlegen der Fächer und gleichzeitigen Abstützen in alle Richtungen, in die Sitzecke.

Der Wind nimmt zu. Die Seen kommen jetzt gleichmäßiger über, ich kann den Rhythmus der Spritzer, die kurz und hart an die Bullaugen trommeln, genau verfolgen. Gelegentliche Ausrufe, wie: »Das ist doch nicht möglich!« oder »Unglaublich! Wahnsinn!« machen mich neugierig. Ich stecke die Nase aus dem Schiebeluk. Gerd hat stur auf Seriphos zugehalten. Jetzt ist Georg am Ruder. Er duckt sich vor dem Spritzwasser weg, so gut es geht. Ich sehe in geringer Entfernung Land. Es kann also nicht mehr weit bis zum Hafen sein. »Fallböen«, ruft Gerd, als er meinen verständnislosen Blick sieht. Die Maschine läuft immer noch mit. »Ohne Maschine kämen wir da nie rein«, schreit er mir zu. Noch eine Viertel-, eine halbe Stunde. Dann ist es geschafft. Acht Stunden und zwanzig Minuten haben wir für die siebenundzwanzig Seemeilen von Milos bis Seriphos gebraucht. In der weiten Hafenbucht von Leivadion sind wir sicher. Ich helfe beim Bergen der Fock. Die Pier ist mit Yachten voll belegt. Einige ankern frei. Auch außerhalb der Mole schaukeln Masten hin und her. Dort haben Segler mit Leinen an den aufgeschütteten Felsbrocken festgemacht und liegen auf diese Weise gar nicht schlecht. Wir zwängen uns am Ende der Pier zwischen die Boote. Andere Segler helfen beim Festmachen. Großes Fragen, woher wir kämen, wie es da draußen aussehe. Wieder habe ich dieses dumme Gefühl, als hätten wir etwas Verbotenes getan.

Noch im Hafen messen wir sieben Beaufort. Kein anderer Segler ist heute ausgelaufen, und keiner kommt nach uns in den Hafen. Aber die Fähre kommt. Das ist ein Schauspiel! Zunächst muß ein Schiff der Marine den Platz am Fähranleger räumen, damit die Fähre manövrieren kann. Mit voller Maschinenkraft pflügt sie das Hafenwasser um. Die Wurfleinen der Festmacher fliegen weiß Gott wohin. Mehrere Versuche sind nötig, bis sich der mächtige Rumpf langsam dem Kai nähert. Das sieht gefährlich aus. Die Autoreifenfender schleifen quietschend mit, einer reißt ab, ein zweiter schnellt hoch. Eine tiefe Schramme im buckligen, vielfach überpinselten Schiffsrumpf ist diesmal nicht zu vermeiden, und auch der Kai muß Federn lassen. Das Wasser schäumt ein letztes Mal auf, das Monstrum ist gebändigt. Um nichts in der Welt möchte ich an diesem Kai liegen, über den die Wellen schwappen. Unverständlich, wie er in einem Handbuch als ruhiger Liegeplatz für Yachten empfohlen werden kann!

Etliche Segler stehen in kleinen Gruppen auf der Pier herum und diskutieren über die Wetterlage. Der Wetterbericht hatte am Morgen nur drei bis fünf Windstärken vorausgesagt, aber rauhe See angekündigt. Tatsächlich hatte es dann ganz ordentlich geblasen. In den Tagen davor hatten wir nicht viel Wind und nur leicht bewegte See. Wenn nach solchen ruhigen Perioden Wind und Seegang zunehmen, muß damit gerechnet werden, daß der Meltemi eine Weile anhält. Und darum drehen sich jetzt auf dem Kai alle Gespräche. Doris ist irritiert. »Während der letzten Tage war es doch so schön«, meint sie, »warum soll es nicht so bleiben? Die Sonne scheint immer noch, der Himmel ist ohne Wölkchen. . .« – ». . .und der Barometerstand ist so hoch wie noch nie, seit wir unterwegs sind«, pflichtet ihr Georg bei. »Das ist es ja gerade«, sagt Gerd. »Ihr könnt euch darauf verlassen, daß der Wind anhält, bis das Barometer um zwei bis drei Millibar gefallen ist. Meiner Beobachtung nach ist das zwar kein restlos zuverlässiges Zeichen, aber oft genug hat der Wind unverändert stark geweht, solange das Barometer auf dem gleich hohen Stand blieb.«

»Denkt daran«, sagt Gerd einige Minuten später zu seinen Gästen, »daß wir uns eine günstige Reiseroute ausgesucht haben. Von Ios nach Thira hatten wir den Wind fast von hinten. Nach Ios zurück konnten wir gut anliegen. Sikinos und Pholegandros waren ebenso bequem zu erreichen, obwohl in Karavostasi der Seegang schon etwas ungemütlich wurde. Bei Kimolos segelten wir meistens in Landabdeckung, und an der Nordküste von Milos hatten wir halben Wind. Heute war eigentlich eure erste nasse Fahrt.«

»Brrr«, schüttelt sich Doris darauf. »Wenn das den ganzen Urlaub täglich so ginge, könnte man die Lust am Segeln schnell verlieren.« Ich nicke vielsagend. Gerd schweigt. Aber – wie heißt es so schön: Er bewegte die Worte in seinem Herzen. . .

▷ *Milos. Gemüsetransport im Hafen Adamas*

▷▷ *Milos. Hafen Adamas*

Weil wir in Milos so früh aufgestanden sind, überkommt uns alle nach dem Mittagessen das Bedürfnis nach einem Nickerchen. Schon seit geraumer Zeit hören wir auf einem der Nachbarboote unentwegtes Klopfen. Zuerst halten wir es für einen Notruf aus stählerner Tiefe, doch als wir sehen, daß Kinder auf und unter dem Deck vergnügt umhertoben, schieben wir den Lärm darauf. Die Yachtleute sind Franzosen, haben ihr Boot à la Moitessier mit Plexiglaskuppel und so weiter ausgestattet, scheinen aber darüber hinaus nicht viel von Seemannschaft zu halten. Sie nehmen fast die ganze Stirnseite der Pier ein, weil sie dort längsseit liegen, während sich die anderen Boote eng auf eng an den Plätzen mit ausreichender Wassertiefe zusammendrängen müssen. Fragen nach der Ursache des Dröhnens ergeben schließlich, daß der Eigner dabei ist, mit untauglichen Mitteln eine Delle in Höhe des Wasserpasses aus dem Stahlrumpf auszubeulen, die er sich wohl beim Längsseitanlegen mit auflandigem Wind geholt hat.

»Kommt, gehen wir los«, sagt Gerd mißmutig, »das wird heute nichts mehr mit einem Mittagsschläfchen.« Als gelernter Werkzeugmacher muß er es schließlich wissen. Die nächste Werft, die dem Franzosen fachmännisch helfen könnte, wäre in Syros, gute dreißig Seemeilen entfernt. »Vielleicht kann er sich eine Werftreparatur nicht leisten«, gibt Doris zu bedenken, »bei den vielen Kindern!«

»Schon möglich«, antwortet Georg. »Ich habe mir erzählen lassen, daß manche mit einem Sack Reis um die halbe Welt kommen.«

»Doch hoffentlich nicht ohne die dazugehörigen Fleischkonserven, oder?« gebe ich schnell zurück. Wir lachen alle und lassen den Franzosen weiterhämmern. Die »Moana« liegt zwischen den anderen Booten sicher, so daß wir einen längeren Spaziergang unternehmen können.

Seriphos, der Hauptort der Insel, lacht uns in zauberhafter Helligkeit entgegen. Er liegt zweihundert Meter über dem Hafen auf einer Bergkuppe. Der Blick vom Hafenort Leivadion auf die Terrassenhänge ringsum ist ebenso beeindruckend wie die Rundsicht von der Höhe ins bewässerte Tal. »Unfruchtbar« soll der Name der Insel bedeuten, und weite Teile sind tatsächlich öde. Aber wo die Bewässerung des Bodens möglich ist, gedeihen Zwiebeln und Tomaten, Obst und Wein. Vor allem die Kapern sollen hier von bester Qualität sein. Trotzdem ist die Insel arm. Die Erzbergwerke sind erschöpft. Unwegsam ist das Gelände, deshalb bleiben auch die meisten Strände einsam. Der Fremdenverkehr konzentriert sich auf die Orte mit Straßenverbindung.

In ihrer Vergangenheit unterscheidet sich die Insel kaum von ihren Nachbarinnen. Im Altertum war sie ohne Bedeutung, obwohl die Eisen-, Kupfer- und Bleiminen damals noch ergiebig waren. Im Mittelalter war sie fränkisch, später venezianisch besetzt. Auch hier gibt es ein Kastell, aber es ist nur noch in Resten erkennbar. Trotz Besetzung und Kastell wurde die Insel immer wieder von Seeräubern überfallen und war zweihundert Jahre der Türkenherrschaft unterworfen, die Seriphos allerdings als eine der ersten Inseln im Freiheitskrieg 1821 abschüttelte.

Seriphos ist eine stille, bescheidene Insel mit liebenswerter Ausstrahlung. Der Weg vom Hafen zum Hauptort ist freilich ein kleiner Pilgermarsch. Greifbar nah erscheinen uns die weiß gekalkten Häuser, und doch windet sich eine Serpentine um die andere den Berg hinauf, ein breiter, allmählich ansteigender Treppenweg aus groben Steinen, die Kanten weiß getüncht. Kapellen stehen am Wegrand, Bildstöcke mit Heiligen, von Ouzoflaschen voll Öl für das Ewige Licht fast verdeckt, ein Vorrat, der für alle Zeiten ausreicht.

Vorherrschendes Verkehrsmittel ist der Esel. Zwar führt eine gute Straße bis zum Ort, aber die Gassen des Ortes selbst sind steil und holprig. Es ist nicht viel Leben in der Stadt. Oder es ist die Zeit der Mittagsruhe. Jedenfalls sind Fensterläden und Türen geschlossen. Wir steigen bis zum Kastell hinauf, vorbei an marmornen Torsen, bescheidenen Überbleibseln aus antiker Zeit. Wir treffen keinen einzigen Menschen. Dort oben knarrt ein Fahnenmast im Wind. Der Rundblick ist schön. Das ist das Licht der Ägäis, über das soviel geredet und geschrieben wird! In der Nähe von gläserner Klarheit, aber in der Ferne, überm Meer, zu den nächsten Inseln hin, ein weicher, mattblauer Glanz.

Voll neuer Eindrücke kommen wir zum Hafen zurück und sehen, daß am Kai schon wieder ein großes Seglertreffen stattfindet. Einerseits wird der Wassermann erwartet, der zu einer bestimmten Stunde den öffentlichen Wasserhahn bedient, andererseits haben die Yachtleute teilweise zusätzliche Anker ausgebracht und die Festmacher verdoppelt. Es ist nun mal das Los der Ägäissegler, daß sie ständig irgendwo herumzupfen müssen, zur Sicherheit des Bootes oder zur eigenen Beruhigung. Der Wind hat immer noch nicht nachgelassen. Acht Windstärken sollen gemessen worden sein.

Ein Holländer schaltet sich ins Gespräch ein. »Mein Windanzeiger steht in den Böen auf neun«, sagt er. »Haben Sie ein Boot gechartert?« fragt einer der Umstehenden. »Ja«, antwortet der Holländer. »Ach so. . .« tönt es von zwei Seiten gleichzeitig. Darauf der Holländer erstaunt: »Wie meinen Sie das?«

»Manche Firmen stellen den Windmesser etwas höher ein, damit die Charterer nicht übermütig werden und bei Starkwind aus dem Hafen gehen.«

»Meinen Sie wirklich? Ah, jetzt ist mir auch klar, warum im Vertrag steht, daß ich bei sechs Beaufort nicht mehr auslaufen darf. Also darf ich eigentlich schon bei fünf Windstärken nicht mehr segeln.«

»Es ist nur zu Ihrer eigenen Sicherheit«, tröstet ein Dritter. »Gewiß, aber ich liege nun schon zwei Tage im Hafen, und der Wind ist immer stärker geworden. Ist das hier immer so schlimm?« Nun gibt jeder seine Erfahrungen zum besten.

»Aber warum sagen die anderen Segler zu Hause nicht die Wahrheit?« beklagt sich der junge Mann. Ja, warum? »Man hat mir die Ägäis als so schön geschildert«, fängt er wieder an. »Ist sie doch auch«, lacht einer, »sehen Sie sich nur um! Hier in Leivadion kann man einen ganzen Sommer bleiben. Es gibt gute Lokale, Bademöglichkeit, Telefon, was brauchen Sie mehr?«

Unser Skipper, schon lange »bewegten Herzens«, nimmt den jungen Holländer zur Seite. Wir entfernen uns mit ihm von den anderen. »Wissen Sie«, beginnt der von neuem, »meine Frau hatte Angst, bei dem hohen Seegang aufs Vorschiff zu gehen, und ich mußte am Ruder bleiben. Wir waren sehr schnell, aber es war zuviel Segelfläche. Und nun weiß ich gar nicht, wohin ich eigentlich segeln soll, damit ich rechtzeitig wieder zurückkomme. Nach einem Drittel der Zeit muß ich laut Vertrag die Rückreise antreten.«

»Ich gebe Ihnen einen Tip«, sagt Gerd. »Jetzt im Juli können Sie nicht damit rechnen, daß der Wind viel schwächer wird. Vielleicht für ein paar Stunden, für einen Tag. Und dann geht's wieder los. Die Ägäis haben Sie gesehen. Und wenn Ihre Frau keine harten Fahrten verträgt, so segeln Sie doch zum Peloponnes hinüber.«

Der Holländer ist sprachlos. Und gleichzeitig bekommt Doris ganz große, aufmerksame Ohren. Gerd erklärt nun, daß die erste Strecke nach Ydra zwar ein tüchtiger Tagestörn von ungefähr fünfzig Seemeilen sei, daß dann aber die Entfernungen zwischen den einzelnen Häfen und Buchten im Argolischen Golf, am Peloponnes entlang und im Saronischen Golf gering wären und eine bequeme Tageseinteilung ermöglichten. Dort sei der Wind sehr viel harmloser und die Gefahr, nicht rechtzeitig nach Piräus zurückzukommen, aus der Welt geschafft.

»Du meinst, Gerd«, beginnt Doris vorsichtig, »das könnten wir auch machen?« Wir beratschlagen noch eine Weile hin und her, entscheiden uns dann aber für diese Lösung. »Ihr habt ein schönes Stück der Kykladen kennengelernt. Warum sollen wir uns jetzt nicht noch ein paar erholsame Tage machen?« Dem jungen Segler leuchtet das ebenfalls ein. »Die Kykladen, das ist ein Revier für harte Sportler«, stellt er fest. »Das nächste Mal werde ich mir ein paar seefeste Freunde aussuchen«, sagt er zuversichtlich. Das nächste Mal . . . Also ist auch er – trotz allem – vom Kykladenfieber bereits erfaßt.

Ausweichen

Liebe Segelfreunde, halten Sie mich getrost für einen Schwächling. Zwar sehe ich einerseits mit einer leisen Wehmut die vielgestaltigen Berge von Seriphos für diesmal entschwinden, aber andererseits freue ich mich auf ein paar ruhige Tage am Peloponnes, auf die guten Einkaufsmöglichkeiten in Ydra, auf diesen in ganz anderer Weise als die Kykladenorte stimmungsvollen Hafen. Der Wind schiebt uns kräftig voran. Dann wird er etwas unbeständig und nimmt vor Ydra wieder zu, diesmal kommt er aus nordwestlicher Rich-

▷ *Seriphos. Blick vom Hafen Leivadon auf die Stadt Seriphos*

tung. Ydra hüllt sich vollständig in Dunst. Erst fünf Seemeilen vor dem Ostkap werden die Umrisse erkennbar. Vom Aussehen her, in ihrer Baumlosigkeit und Wasserarmut ist Ydra eine Kykladeninsel, geographisch und touristisch aber ist sie dem argolischen Festland zugeordnet.

Ein freudiges Wiedersehen nach zwei Jahren gibt es auch in meinem Pantopolion, dem Gemischtwarenladen, wo es Eleni, die dicke, lachende Griechin, inzwischen immer noch nicht geschafft hat, Ordnung in die überquellenden Regale und hochgetürmten Warenstapel zu bringen. Eleni umarmt mich stürmisch, und ihr Mann läßt vor Überraschung den Schafskäse, den er gerade aus dem tiefen Faß holen wollte, spritzend zurückplumpsen. »Eier frisch, Melonen billig...«, Eleni ist sofort in ihrem Element.

Und am nächsten Morgen hat Gerd endlich wieder einen perfekten Ankersalat zu entwirren – ein zweifelhaftes Vergnügen, das ihm in den Kykladen bisher versagt blieb.

An dieser Stelle muß ich mich dazu zwingen, einen großen Sprung zu machen, sonst zweifeln Sie daran, ob das vorliegende Buch »Freude am Segeln in den Kykladen« heißen dürfte. Für manchen, der auf unseren Spuren wandelt, könnte es aber nützlich sein, daran erinnert zu werden, daß sich – von Athen kommend – auch Ägina als erster Hafen auf dem Weg in die Kykladen hervorragend eignet, zumal dort die Bordvorräte mit ausgefallenen Leckerbissen aufgefüllt werden können.

Mit Doris und Georg haben wir noch einige schöne Segeltage am Peloponnes verbracht. Dann ging es wieder nach Athen zurück. Kurz danach hatten wir andere Freunde an Bord, und nun sind wir schon wieder in Ägina.

»Bekommt man hier auch Hering?« ist die erste Frage aus Siegfrieds Mund, als er den üppigen Fischmarkt in Ägina sieht. Ja, es gibt auch Hering in Dosen, Stockfisch, eingesalzene Sardinen und sogar Würstchen aus Regensburger Produktion; und darüber hinaus stolpere ich buchstäblich über eine Flaschenbürste, nach der ich seit Wochen auf den Inseln vergeblich gesucht hatte. Hering zu kaufen geht mir jedoch gegen den Strich bei dem reichen Angebot an frischen Meeresfrüchten. Ich besorge einen riesengroßen Oktopus, der – im Drucktopf weichgekocht und dann ein paar Tage mariniert – einen vorzüglichen Salat ergibt, den auch Siegfried nicht verschmäht. Siegfried ist unsere Neuerwerbung. Er kam uns prompt ins Haus geschneit, als wir einem Segellehrer zufällig unsere Müh und Plag in der Ägäis schilderten. Da müsse Siegfried mit, meinte der, Siegfried kann alles, weiß alles und hat dazu noch einen stempelfrischen Segelschein in der Tasche.

Mit Walter dagegen verhält es sich ganz anders. Walter brachte es fertig, den Skipper so für die Türkei zu begeistern, daß dieser sämtliche Seekarten bereits an Bord hatte, bevor Walter überhaupt einen gemeinsamen Törn erwog. Obwohl Walter sich die Ägäis durch das Lesen von Büchern förmlich einverleibt hatte, war ihm bei der Wahl des Urlaubstermins ein entscheidender Punkt entgangen: die Etesien. Trotz äußerster Anfälligkeit gegen jede Art von Wetterumschwung hielt er mit der Hartnäckigkeit eines Wissenschaftlers an dem einmal besprochenen Programm fest, was uns allen manche seglerische Ungereimtheit einbrachte.

Martin ist unser starker Mann. Er ist zwar ein Leichtgewicht, doch zäh und zuverlässig. Er hatte vor Jahren ein eigenes Boot, von dem er sich trennen mußte; seitdem segelt er gelegentlich bei Freunden mit. Martin hat diesmal seine Freundin Monika mitgebracht, die zum ersten Mal auf einem Segelboot ist und zudem erst vor kurzem das Schwimmen erlernt hat. Ihr Zutrauen zu tiefem Wasser ist nicht allzu groß. Es versteht sich von selbst, daß sie während unserer Fahrten durch die Ägäis praktisch keine Stunde ohne Schwimmweste verbrachte. Auch im Beiboot trug sie vorsichtshalber Schwimmflügelchen, und wir sind ihr noch nachträglich für ihre Disziplin dankbar, durch die sie uns zusätzliche Sorgen von vornherein abnahm.

Unsere Reise soll erst einmal über Kea nach Andros führen. Dort findet alljährlich am 15. August die große Wallfahrt zur wundertätigen Ikone der Panaghia Evangelistria statt. Wir wollen auch dabeisein. Gescheiter wäre es freilich, in kleinen Schlägen an der attischen Ostküste entlang nach Norden zu laufen und dann an der Südküste Euböas vorbei mit günstigem Wind nach Andros zu segeln. Aber unsere Termine sprechen dagegen. Über die Fahrt nach Kea machen

▷ *Pholegandros. Kirche Panaghia am Absturz der Steilküste*

▷▷ *Kimolos. Waschfrau mitten im Feld*

wir uns keine Illusionen. Inzwischen kennen wir die Tücken des Gebietes und stellen uns darauf ein. Monika hat ihren modischen Diskoanzug gegen das Ölzeug ausgetauscht, und auch die anderen glänzen in vertrautem Gelb. Nur Siegfried pflegt im Mittelmeer zur Badehose stets lediglich eine Trainingsjacke zu tragen, wie er uns versichert. Wir warnen ihn vergeblich davor, daß er – erst einmal naß und kalt geworden – schnell ein Opfer der Seekrankheit werden könnte. Als es dann soweit ist, spuckt er auch noch gegen den Wind, er, der alles kann und weiß. Schließlich zieht er sich mit dem Eimerchen in die Koje zurück, nicht ohne uns vorher gute Ratschläge für die Ansteuerung von Kea hinterlassen zu haben.

Monika hält sich tapfer, zumal Martin sie unentwegt auf die ständig wechselnde Schönheit der im Sonnenlicht glitzernden Wellen aufmerksam macht. Walter leidet stumm. Bei ihm, der dieses Mammutprogramm auf dem Gewissen hat, haben wir eigentlich ein wenig mehr Ausdauer vorausgesetzt. Ihm ist nicht übel, aber er findet den Zustand schlicht »gräßlich«. Statt, auf Kea endlich angekommen, gleich die Kunstdenkmäler zu studieren, macht er sich auf die Suche nach einer Dusche, wobei ihm die Motoryachten, die sich seit Tagen nicht mehr aus der sicheren Bucht von Vourkari heraustrauen, höchst willkommen sind. Bei der Rückkehr überrascht er uns mit dem Entschluß, die Fähre nach Andros zu benutzen, und sei es über Lavrion an der Attikaküste! Wir würden ja segelnderweise sowieso länger bis zum Hafen Batsi brauchen als er. Gerd schluckt eine Verwünschung hinunter; gerade diese bequemere Route war von Walter als Zeitverschwendung verworfen worden.

Andros

Walter macht sich mit der vorsorglich eingepackten Tagesverpflegung auf die Reise, während wir in aller Frühe nach Andros zu segeln versuchen. Und wieder das bekannte Spiel: Eine schlaffe, unordentliche See beutelt unser Boot hin und her, bis wir endlich das Nordkap von Kea mit Motorunterstützung erreicht haben und langsam Fahrt in Richtung Andros aufnehmen. Den Kurs auf einen der Häfen, Gavrion oder Batsi, können wir nicht anliegen. Wahrscheinlich befinden wir uns bereits in der Strömung, die den Stenon Kaphireos zu einer selbst von der Berufsschiffahrt gefürchteten Durchfahrt macht, weil außerdem grober Seegang und um einige Beaufort stärkere Winde durch die Enge zwischen Euböa und Andros gepreßt werden. Bei ungünstigen Verhältnissen erreicht die Strömung eine Geschwindigkeit von sieben Knoten. Jetzt erweist sich bereits Walters Alleingang als Hindernis für uns; notfalls hätten wir nach Syros oder Tinos abdrehen können. Seinetwegen müssen wir weiter versuchen, Andros zu erreichen. Wir bolzen gegen die Seen an, verlieren aber trotzdem an Höhe und müssen ein tüchtiges Stück aufkreuzen.

Langsam nähern wir uns der Küste, die einen imponierenden Anblick bietet: Soweit wir blicken können, zieht sich ein Hochgebirge durch die Insel, mit Gipfeln bis zu tausend Metern Höhe. Vergeblich versuchen wir durchs Glas Palaiopolis, die antike Hauptstadt, an dem grünen Hang zu entdecken. Im 4. Jahrhundert n. Chr. wurde sie durch ein Erdbeben zerstört. Das Gelände ist heute überwuchert, nur Befestigungsmauern und eine versunkene Hafenmole sind erhalten.

Schon einige Zeit beobachten wir leichte Wolkenschwaden, die sich über den Höhen immer mehr zu einem weißen Knäuel zusammenballen. Sollte dies die vielzitierte Wolke sein, die anhaltend starken Wind verheißt? Wir kommen zu keinen weiteren Überlegungen, denn drei bis vier Seemeilen vor uns sehen wir schwarze Fluten, aus denen weiße Fetzen hochgerissen werden. Noch bevor sie zurückfallen, wird das Wasser von neuem aufgepeitscht. Das ist kein Wellenbild mehr, sondern ein einziges ausgefranstes Durcheinander. Gleich darauf treffen uns die Fallböen. Was wir noch weit entfernt wähnten, ist schlagartig da, um uns herum. Es wird wieder eine ziemlich feuchte Angelegenheit, bis wir den Hafen Batsi erreicht haben. Welch einen unfreundlichen Empfang bereitet uns Andros!

Im Hafen ist wenig Platz. Ein Bagger hat sich am

▷ *Milos. Fischerdorf Klima*

Kai breitgemacht, aber der junge Mann, der darauf Wache hält, nimmt unsere Festmacher an und hilft geduldig mit, eine zusätzliche Leine zur Entlastung des Ankers zum Bagger auszubringen. Das will nicht auf Anhieb gelingen, denn die Böen sind auch im Hafen noch sehr heftig.

Nachdem wir die »Moana« bestens versorgt wissen, schauen wir uns in dem hübsch gelegenen Ort um, der von den Festlandsgriechen gern als Sommerfrische besucht wird. Auch viele Auswanderer, die zu Wohlstand gekommen sind, haben sich auf der Insel ein Feriendomizil geschaffen. Die Bewohner von Andros sind vor allem begeisterte Seeleute, so daß die Insel erfolgreiche Kapitäne und clevere Reeder zu ihren Kindern zählen kann, die ihre Heimat mit großzügigen Stiftungen bedenken.

Von der Anhöhe über dem Ort schauen wir in die Richtung, in der Kea liegen muß. Das Meer ist im Gegenlicht eine flirrende, metallisch-weiße Fläche, über der die Fallböen spielerisch durcheinanderlaufen. Welche Kraft sie dabei freisetzen, können wir an einem Segelboot beobachten, das sich weit draußen in ungleichmäßigem Rhythmus schräglegt und wieder aufrichtet. Ganz harmlos wirkt dieses tänzerische Spiel aus der Entfernung.

Zum Hafen zurückgekehrt, finden wir Walter vor. Er war im Hafen Gavrion mit der Fähre vom Festland angekommen und hatte nach Batsi den Bus benutzt. Für die Versorgung mit Wasser und Treibstoff wäre Gavrion recht praktisch, weil wir aber noch keinen Bedarf haben, wählten wir diesmal Batsi als Zielhafen. Für den nächsten Tag beschließen wir, einen Ausflug über die Insel zu machen. Wieder ist es Gerd, der das Boot hüten muß.

In zahlreichen Serpentinen geht es auf der guten Straße bergauf. Selbst der Bus hat gegen den Wind anzukämpfen. Seine Fensterscheiben klappern unentwegt, und die Tür fliegt bis zum Anschlag auf, als er unterwegs anhält. Die Aussteigenden werden gleich einen Schritt zur Seite gerissen, sie raffen die Röcke und fassen ihr Gepäck fester an, senken die Stirnen und stemmen sich gegen den Wind, während sie die nächste Abdeckung suchen.

Es ist einleuchtend, daß die Felder irgendwie vor diesem Wind geschützt werden müssen, damit die Ackerkrume nicht davonweht. Deshalb sind auf Andros jeweils besonders kleine Flächen mit Mauern eingefaßt. Das Schiefergestein dieser Insel ließ eine ganz eigenartige Mauerform entstehen: je eine aufgerichtete Platte wird von zwei schrägstehenden Platten gehalten. Das sieht so ähnlich wie ein Kartenhaus aus, nur sind hier die Zwischenräume bis zur nächsten Schräge mit waagrecht übereinanderliegenden Steinen ausgefüllt. Auf diese Weise erhalten die Mauern nicht nur große Stabilität, sondern ein interessantes, spitzbogenartiges Aussehen. Auch das Weideland ist so abgegrenzt. Solche Mauern sind vereinzelt auch auf anderen Inseln, auf denen Schiefergestein vorkommt, anzutreffen, aber am auffälligsten sind sie auf Andros.

Andros ist in den Tälern, die sich hinter dem Gebirge der Ostküste zuneigen, sehr fruchtbar. Dort liegen ausgedehnte Zitronenhaine, Getreide- und Gemüsefelder, an den Hängen gedeiht Wein, wir sehen viele Mandel-, Feigen- und Olivenbäume. Überhaupt unterscheidet sich Andros von den meisten Kykladeninseln durch seinen üppigen Baumbestand, der im Wasserreichtum begründet ist. Eine große Besonderheit sind zwei Bäche, die das ganze Jahr über Wasser führen. Sie münden bei der Hauptstadt Andros ins Meer. Auch vorzügliches mineralhaltiges Tafelwasser wird an einer Quelle bei Apikia abgefüllt und zum Festland exportiert.

Wenn Andros als zweitgrößte Kykladeninsel nach Naxos genannt wird, dann geschieht dies in erster Linie wegen der auf beiden Inseln ähnlichen landwirtschaftlichen Verhältnisse. Doch in der Antike hatten beide Inseln noch mehr gemeinsam: Sie verehrten Dionysos. Er war bekanntlich für den vortrefflichen Wein zuständig, der bei Feierlichkeiten in Strömen floß. Mit einem Segelschiff soll der Gott nach Andros gekommen sein und dort das Wasser der Flüsse in Wein verwandelt haben, damit auch Satyrn und Mänaden aus dem vollen schöpfen konnten. Kein Wunder, wenn ein solches Fest in Menschenopfern seinen Höhepunkt fand. Die »Quellen des Dionysos«, wie der Brunnen im Dorf Menites genannt wird, spenden heutzutage zwar keinen Wein, dafür aber köstliches Wasser.

Durch das ertragreiche Messariatal geht es bergab, auf die Hauptstadt Andros zu. Sie hatte ihre Blüte in byzantinischer Zeit, wirtschaftlich durch die Ausfuhr

▷ *Milos. Möweninseln*

von Seide des Maulbeerseidenspinners, die bis nach Südfrankreich ihre begeisterten Abnehmer fand, geistig durch gelehrte Mönche, die in der Verschwiegenheit der Klöster ihr Wissen an weltliche Schüler weitergaben, wie zum Beispiel an den späteren byzantinischen Kaiser Leon VI., der in Konstantinopel als »der Weise« bekannt wurde.

Nach ihrer Festung, die auf dem Felsabbruch zwischen der Hafenbucht und Ormos Paraporti von den Venezianern errichtet wurde, wird die Stadt auch Kastron genannt. Heute ist vom Kastell nicht viel mehr als ein Brückenbogen erhalten, der die Altstadt mit dem ins Meer vorspringenden Felsen verbindet. Der zerbrechlich wirkende Bogen ermuntert nicht gerade zum Weitergehen, zumal das Wasser darunter durchrauscht. Sicherer fühlen wir uns in der Altstadt, die, von außen gesehen, durch ihre hohen, fast fensterlosen Außenmauern streng und abweisend wirkt, in ihren engen Gassen jedoch eine biedere Bürgerlichkeit beherbergt. Das Leben aber pulsiert außerhalb der Altstadttore, im neueren Stadtteil, der mit dem marmorgepflasterten Platz, mit Kirchen, Denkmälern und stattlichen Gebäuden Wohlhabenheit ausstrahlt.

Die Hafenanlage allerdings ist bei allem zu kurz gekommen: Zwar hält der mächtige Wellenbrecher den bei Nordwinden hereindrängenden Seegang ab, doch finden die Boote keinen ruhigen Liegeplatz. So bleiben Gavrion und Batsi an der Südwestküste die von der Sportschiffahrt bevorzugten Plätze. Andros und Korthion sowie die ganze Nordost- und Ostküste mit ihren unzähligen Sandbuchten sind nur bei ganz ruhiger Wetterlage zu empfehlen.

Auch in Korthion hatten die Venezianer eine Festung erbaut, in deren Schutz eine Siedlung entstand. Nach Verlust der Insel an die Türken übernahmen einheimische Familien die Aufgaben der Verwaltung, was ihnen zunehmend Macht einbrachte. Einige verfallene Herrenhäuser, burgartig ausgestattet, sind Zeugen dieser Zeit. Erhalten blieb ein gewisser Dünkel dieser Familien, die sich als echte Noble gegenüber dem Geldadel jüngerer Zeit fühlen. Die Romeo-und-Julia-Romanze mag auf der nördlichsten Kykladeninsel so manche neue Version gefunden haben . . .

Der vielfarbige Glimmerschiefer fällt auf allen Wegen ins Auge. Er schimmert aschig, blaugrau, grünlich, goldglänzend oder rosafarben und ist teilweise mit Marmorschichten wie mit Zuckerglasur überzogen. Er verleitet zum Steinesammeln.

Im Vergleich zu dem Wind, der auf den Hängen die Zypressen zur Seite biegt und selbst die Zikaden verstummen läßt, ist es bei unserer Rückkehr im Hafen Batsi ruhig. Trotzdem muß der Kellner im Kafenion immer wieder über die verstaubten Weißblechplatten der Tische wischen. Es ist wohltuend, nach unserem ausgedehnten Ausflug nur dazusitzen und über alles Gesehene nachzudenken, ohne gleich eine Bestellung aufgeben zu müssen. Wir Ausländer empfinden es oft als unaufmerksam, wenn wir nicht sofort nach unseren Wünschen gefragt werden. Doch liegt in der Zurückhaltung vielleicht mehr Höflichkeit als in dem eifrigen Bemühen, schnell zu servieren und schnell zu kassieren. Jedenfalls bekommen wir unsere Pizza rechtzeitig, die – von gleichbleibender Qualität, weil fabrikmäßig vorgefertigt und im elektrischen Pizzabackofen gebakken – vielerorts ein bequemes Zugeständnis an den Geschmack der Touristen darstellt.

So sehr sind die Griechen schon auf den Bedarf der Fremden eingestellt, daß sie zum Beispiel grundsätzlich Pulverkaffee mit heißem Wasser servieren, wenn bloß Kaffee verlangt wird. Dabei ist ein griechischer Kaffee zu jeder Tageszeit und an jedem Ort zu bekommen. Hüten Sie sich allerdings, »türkischen« Kaffee zu bestellen; der ist absolut nicht aufzutreiben, wenn er auch noch so sehr in Geschmack und Zubereitungsart dem griechischen gleicht. Vielleicht liegt der Genuß gerade in der winzigen Menge und in der Tatsache, daß jedes Täßchen gesondert zubereitet und mit einem Glas kaltem Wasser gereicht wird.

»Der Wind ist nicht mehr so bissig«, meint Gerd. »Wir werden morgen eine schöne Fahrt unter der Küste nach Tinos haben.«

»Nicht mehr so bissig« ist eine von Gerds bevorzugten Redensarten, und er hat damit schon manchmal unsere Zuversicht gehoben, wenn auf langen Segelfahrten die Hartnäckigkeit des Windes eintönig zu werden drohte. Wenn ein Zustand sich gar nicht ändert, kann er auch langweilig werden, die Spannung schleift sich ab, man kapselt sich ein.

Tatsächlich scheinen zwischen den Böen im Laufe des Abends längere Pausen zu entstehen. Wenn es die Nacht über ruhig wird, besänftigt sich auch der Seegang auf der Leeseite der Inseln schnell. Walter will

▷ *Milos. Kirche Korfiotissa*

trotzdem mit dem Fährschiff vorausfahren. Für die Bereicherung seines Reiseproviants kaufe ich wunderbares Obst in einem nahen Laden ein. »Weißt du noch«, sage ich zu Gerd, der mich begleitet, »bei unserem letzten Besuch in Batsi wurden frische Erdbeeren angeboten.« Sie waren damals gerade eingetroffen, der Preis stand noch gar nicht fest. Damals, im Mai, kauften wir die Erdbeeren gleich kiloweise vom Wagen herunter. Manchmal werden die Griechen uns Segler vielleicht für unverbesserliche Vielfraße halten, aber bei einem so seltenen Angebot mußten wir einfach mit vollen Händen zugreifen.

Frohgemut wollen wir am nächsten Morgen Tinos anlaufen. Es ist nicht allzu weit dorthin, der Kurs vom Wind her günstig. Walter, bewaffnet mit Strohhut, Reiseführer und Lunchpaket, bricht als erster auf. »Halte uns einen guten Liegeplatz frei«, ruft Gerd ihm noch nach. Monika hat unter ihren zahllosen Bikinis den winzigsten ausgewählt, der aber leider unter der massigen Schwimmweste viel von seiner Wirkung verliert. Siegfried in seiner unvermeidlichen Badehose ist nun endlich auch einmal, den günstigen Wetterverhältnissen entsprechend, richtig gekleidet.

Wir wollen unter Maschine ablegen, aber das Ding springt nicht an. Statt dessen hören wir aus dem Motorraum nur ein leichtes Klicken. Was ist da passiert? Ringsum hilflose Gesichter. Die Batterie kann noch lange nicht leer sein, soviel Strom haben wir in den letzten Tagen unmöglich verbraucht. Der Skipper lädt die Batterie mit dem Bordgenerator nach und startet die Maschine. Nach einem Blick auf die Instrumententafel weiß er, daß die Lichtmaschine keinen Ladestrom abgibt. Uns ist klar, daß unter diesen Umständen an Auslaufen nicht zu denken ist. Der Skipper schickt die Crew in die nächste Kneipe, denn allzu viele hilfreiche Hände und Füße sind bei Reparaturen eher hinderlich. Nur ich, die Bordfrau, darf assistieren. Mit einer perfekten Akrobatennummer verschwindet Gerd im Motorraum, nicht ohne lautstark seine Meinung über die körperfeindliche Konstruktion zu äußern. Da ich ihn in sicherem Abstand weiß, erlaube ich mir, etwas von »FdH« und Selbstbeherrschung beim Essen zu murmeln.

Die Untersuchung ergibt, daß der Kollektor der Lichtmaschine defekt ist. Wir fragen überall herum und erfahren, daß eine Reparatur in Batsi nicht möglich sei. Syros dagegen hat alle nur erdenklichen Werkstätten für Schiffsreparaturen. Wir müssen uns also dorthin begeben. Ohne diesmal auf Walter Rücksicht nehmen zu können, ändern wir unseren Plan und segeln nach Syros.

Syros

Es herrscht Bilderbuchwetter, und wir wären restlos zufrieden, wenn es uns gelänge, das sorgenumwölkte Gesicht des Skippers einfach zu ignorieren. Viel zu schnell vergeht die Zeit. Vorsichtshalber läßt Gerd während der Fahrt den Generator einige Zeit laufen, damit er die Maschine vor der Hafeneinfahrt mit Sicherheit starten kann. Alles geht glatt. In dem großen Hafen Ermoupolis können wir nach Belieben anlegen. »Schaut euch die beiden Städte an«, empfiehlt Gerd den Freunden, »wir werden unterdessen eine Werkstatt suchen.«

Die beiden Städte Ano Syros und Ermoupolis liegen auf zwei Hügeln nebeneinander und sind inzwischen zusammengewachsen. Das frische Weiß ihrer Häuser und Treppengassen bietet schon bei der Einfahrt in den Hafen einen heiteren Anblick, es strahlt Wohlhabenheit und städtische Solidität aus.

Doch der Eindruck trügt. Syros oder Ermoupolis, wie die Stadt am Hafen nach Hermes, dem Gott der Kaufleute, in den dreißiger Jahren des vorigen Jahrhunderts von ihren Gründern benannt wurde, ist ein verblassender Stern. Syros, die Hauptstadt und größte Ansiedlung der Kykladen, Sitz der Verwaltung, ist zwar noch wichtig als Fährknotenpunkt und Umschlaghafen für Fischerei und Landwirtschaft, auch seine Werftanlagen sind beachtlich, aber der einstige Glanz ist restlos verblaßt. Die plötzliche Blüte von Ermoupolis und der allmähliche Verfall sind in schicksalhaften Ereignissen begründet. Um dies zu erklären, ist es notwendig, ein paar Jahrhunderte zurückzuschauen.

Wegen ihrer ständigen Furcht vor Piratenüberfällen siedelten sich die Bewohner auf der weiter vom Wasser entfernten Bergkuppe an. Dort waren Verteidigung und Abwehr erfolgversprechender, zumal Marco Sanudo, der Herzog von Naxos, hier Festungsanlagen und Mauern errichten ließ. Wie viele Kykladeninseln geriet auch Syros im 13. Jahrhundert in den Machtbereich der Venezianer.

Ano Syros, das »obere« Syros, wird der auf der zurückliegenden Bergkuppe errichtete Stadtteil heute zur Unterscheidung von Ermoupolis, der Hafenstadt und des orthodoxen Stadtteils auf dem zweiten Hügel, genannt. Mit den Venezianern kamen viele Katholiken auf die Insel, später ließen sich Orden nieder, und so entstand auf Syros eine starke katholische Gemeinde. Zwischen Frankreich und der Hohen Pforte wurden Privilegien ausgehandelt. Für die Dauer der Türkenherrschaft erhielt Syros einen exterritorialen Status. Deshalb strömten zu Beginn der Befreiungskriege Tausende von Flüchtlingen der besonders schwer betroffenen Inseln Chios und Psara nach Syros, aber auch von anderen Inseln und vom Festland kamen die Verfolgten hierher. Aus der Not der Stunde und mit dem Erfindergeist der Überlebenden entstand ab 1822 ein Wirtschaftswunder ganz besonderer Art. Durch den Bau starker, seegängiger Schiffe wurde nicht nur ein enormer Außenhandel in Schwung gebracht, sondern die Schiffe selbst waren begehrtes Handelsobjekt. Sie wurden an andere Inseln verkauft, die sich für den Kampf gegen die Türken rüsteten. So brachte die Neutralität Syros doppelten Erfolg.

Als internationaler Umschlagplatz für Waren, als Zweigniederlassung ausländischer Handelsagenturen und schließlich als kultureller Mittelpunkt errang Syros eine Vorzugsstellung, wie sie vergleichsweise im Altertum nur Delos einnahm. Hand in Hand damit erfolgte ein sprunghafter Aufschwung des Handwerks und verschiedener Industriezweige, auch begünstigt durch die starke Bevölkerungszahl. Eine weitere Bereicherung erfuhr die Stadt durch die große Zahl der hier ansässigen Ausländer. Was andere europäische Städte nach jahrhundertelanger Entwicklung erreichten, sproß in Ermoupolis fast über Nacht aus dem Boden. Griechisches Kunsthandwerk, französische Mode, englische Architektur und italienische Musikbegeisterung mischten sich zu einem eigenständigen Lebensstil. Manches schmiedeeiserne Balkongitter, der große marmorgepflasterte Platz oder das Gebäude der Oper, eine Nachbildung der Mailänder Skala, zeugen von der Blüte der Stadt während des vorigen Jahrhunderts. Mit dem Bau des Kanals von Korinth gewann jedoch Piräus zunehmend an Bedeutung als Seehandelshafen. Der entscheidende Schlag für Ermoupolis war der Verlust der kleinasiatischen Küste durch die kriegerischen Ereignisse 1921–1922, der den Außenhandel der Insel nachhaltig beeinträchtigte.

Für den Markt von Athen sind die frischen landwirtschaftlichen Erzeugnisse aus dem Südteil der Insel weiterhin begehrt. »Türkischer« Honig, Loukoumia genannt, wird zentnerweise an Touristen verkauft, besonders an die Fahrgäste der Linienschiffe, deren Route über Syros führt.

Nach wie vor hat sich ein starker katholischer Bevölkerungsanteil erhalten, vorwiegend in Ano Syros, wo die katholische St.-Georgs-Kathedrale Zentrum der Gläubigen ist, während den benachbarten Hügel die orthodoxe Anastasias-Kirche krönt.

Heutzutage müssen die Bewohner von Ano Syros das Wasser nicht mehr über die insgesamt fast tausend Stufen durch ihre winkeligen, schneeweißen Gassen hinauftragen. Wasserleitungen sind vorhanden; trotzdem wird das Regenwasser von den flachen Dächern in Zisternen geleitet. – Die vielen kleinen Artikel des häuslichen Bedarfs müssen nach wie vor mühsam mit eigener Kraft aus den Geschäftsstraßen zur Oberstadt geschleppt werden. Größere Lasten, wie zum Beispiel der tägliche Müll, werden auf den Rücken von Eseln oder Maultieren befördert.

Die Elektrowerkstatt befindet sich glücklicherweise nur wenig über dem Meeresspiegel, und wir werden als Ausländer sogar bevorzugt behandelt. Ich sehe Reparaturen im Ausland zunächst mit äußerster Skepsis entgegen. Wir haben es in Piräus erlebt, daß ein Fachmann für Kühlanlagen mit einem ganz gewöhnlichen Schraubenzieher die komplizierten Drähtchen unseres unter Strom stehenden Kühlaggregats so lange hin und her bog, bis die Funken stoben. Danach stellte er hocherfreut fest, daß hier der Fehler liege! Freilich war damit das Gerät endgültig ruiniert, und er konnte uns nicht mehr weiterhelfen. Die Unordnung in manchen Werkstätten dagegen stört mich weniger. Es ist, glaube ich, nur eine anders verstandene Art von »Ordnung«.

▷ *Der Meltemi bläst*

▷▷ *Nasse Überfahrt*

Die Lichtmaschine ist hier jedoch in besten Händen. Sofort erkennt der Meister den Schaden und macht sich ohne weitere Worte daran, den Kollektor zu überholen. Zu Hause wäre nur ein Austausch möglich, in Syros aber bekommen wir nach der Reparatur ein gleichwertiges Teil für ein Viertel des Preises. Allerdings möchte ich damit nicht behaupten, daß grundsätzlich jede Reparatur in Syros billiger sein muß als anderswo . . .

Gerd ist sehr erleichtert, daß alles so gut klappt, denn er möchte Walter nicht allzu lange in Tinos seinem Schicksal überlassen. Inzwischen ist es Abend geworden, und allmählich erwacht die Häuserfront am Hafen zum Leben. Grillstuben verbreiten vielversprechende, weißgraue Rauchschwaden, die an den Kais entlangziehen und auch uns anlocken. Lamm- und Schweinekoteletts, Fleischspieße, mit viel Oregano und Zitronensaft gewürzt: das wird unser heutiges wohlverdientes Abendessen sein.

Wir sitzen beim Essen im Freien und trauen kaum unseren Augen, denken zuerst an einen verfehlten Faschingsscherz, als da plötzlich vier gestandene Männer in Lederhosen ankommen, laut scherzend und mit Mädchen im Arm. Es sind echte Tiroler Holzhacker, wie sich bei der anschließenden Unterhaltung herausstellt, die hier ihren Urlaub verbringen. Warum sollten sie in Griechenland andere Kleidung tragen als tagtäglich zu Hause? Sie stehlen mit ihrem kernig-zünftigen Aussehen natürlich allen anderen Touristen die Schau, und sogar unsere Monika in ihrem süßen Nichts von Seidenblüschen über modischen Korsarenhosen verliert in dieser Runde ein wenig an Flair. Die Tiroler berichten, daß sie im Süden der Insel eine Unterkunft an einem wunderbaren Sandstrand haben.

Im Vergleich zum Durchgangsverkehr ist die Zahl der auf Syros verweilenden Urlauber eher gering. Bei den Festlandsgriechen erfreut sich die Insel aber ausgesprochener Beliebtheit, denn viele angenehme Badeplätze reihen sich um die Ost-, Süd- und Westküste. Nur der Nordteil ist felsig und auch im Innern kaum bewohnt. Sportbootfahrern bieten sich zahlreiche gute Ankerplätze an: Vari, Galissas oder Kynion, Sandstrände mit geruhsamen Ortschaften dahinter. Phoinikos ist eine gern besuchte Bucht mit burgähnlichen Villen im Hinterland und mit Sommerhäusern des vorigen Jahrhunderts in längst überholtem Prunk. Weiter nördlich an der Westküste liegen die einsamen Ankerplätze Delphino, Aetou, Megas Lakkos in brüchig-zerklüfteter Felslandschaft.

Ermoupolis ist für die Berufsschiffahrt ein sicherer Hafen, auch Yachten finden hier beste Versorgungs- und Reparaturmöglichkeiten, aber ruhig ist der Liegeplatz nicht. Tagsüber läßt das ständige An- und Ablegen von Fähren das Hafenwasser an den Kais entlangschwappen, und abends rollt der abflauende Wind die letzten Wellen an die entgegengesetzten Ufer, damit sie sich im Hafen noch eine Weile fortsetzen können. Bei Meltemi gibt es dann eine muntere Schaukelei. Wenn es Poseidon gerade in den Kram paßt, verhält er sich tagsüber ruhig und legt erst abends richtig los, so wie zum Beispiel heute. Eigentlich hätte uns ein ungetrübter Abend zugestanden, nachdem der Schreck mit der Lichtmaschine gottlob ausgestanden ist! An Bord zurückgekehrt, erkennen wir, daß uns eine schlaflose Nacht bevorsteht. Die anderen Crews haben bereits die landseitigen Leinen verlängert, damit die Boote im Schwell keinen Schaden nehmen.

Gerd schaut sich das nicht lange an. »Wir hauen ab!« entscheidet er kurzerhand. Unsere Gesichter spiegeln daraufhin nicht eitel Freude wider. Voll des süßen Weines – und nun eine Nachtfahrt nach Tinos! Gegenan! Bei Meltemi. »Wir fahren nach Gaidaros rüber«, sagt Gerd erklärend, als er unsere hilflosen Gesichter sieht. Gaidaros! Ja, daß ich darauf nicht eher gekommen bin! Da liegt, nur zwei Seemeilen vom Hafen entfernt, diese herrlich geschützte Bucht an der Südseite der Leuchtturminsel. In einer halben Stunde können wir dort sein. Aber jetzt, nachts, wie wird das gehen? Meistens liegen im Windschatten der Insel ein paar Frachter herum, unbeleuchtet womöglich, von denen man nicht weiß, wo ihr Anker liegt und ob sie Leinen zu den Tonnen gespannt haben. Die Bucht ist natürlich unbefeuert.

Vorsorglich legen wir den Suchscheinwerfer zurecht und setzen schon im Hafen die Fock. Der Motor schnurrt wie ein Kätzchen. Die Heckleinen sind schon los, als Gerd bemerkt, daß das Kompaßlicht nicht brennt. Die Positionslampen sind in Betrieb. Sicherung, Schalter, Dimmer, alles in Ordnung, aber das kleine rote Birnchen am Kompaß tut es nicht. Gerd schert sich nicht weiter darum. Nur ich scheine in solchen Situationen eine unbändige Phantasie zu ha-

▷ *Seriphos. Hafen Leivadon, Liegeplatz außerhalb der Mole*

ben und male mir aus, was alles passieren kann, weil so ein winziges Birnchen nicht in Ordnung ist.

Die Beleuchtung des Hafens begleitet uns bis zur Mole, dann tauchen wir in die Nacht, die von bleichem Mondlicht nur schwach erhellt ist. Der Seegang empfängt uns wie Opfer, auf die er schon lange gelauert hat. Der Wind greift in die Fock und schiebt uns kräftig voran. In kaltes Silber verwandelt der Mond nach kurzer Zeit das Wasser, das am Schiffsrumpf vorbeischießt. Hier möchte ich nicht über Bord gehen, obwohl es nicht weit zum Land wäre. Monika befindet sich unter Deck in Sicherheit. Die Feuer der Hafeneinfahrt blitzen ihr Grün und Rot herüber, und der Leuchtturm von Gaidaros mischt sich mit seinem trägen weißen Licht dazwischen. Trotz des störenden Blitzfeuers können wir uns gut orientieren. Zwei vor Anker liegende Frachter zeigen entsprechende Lichter. Wir fahren in großem Bogen um sie herum und sind dann bereits im Schutz der kleinen Insel. Die Fock ist schnell geborgen, und mit äußerster Vorsicht tasten wir uns in die Bucht hinein. Niemals hätten wir es riskiert, bei Nacht in diese Bucht einzulaufen, wenn Gerd nicht den Grund bei einem früheren Besuch abgeschnorchelt hätte. Eine Felsbarre verläuft nämlich quer über den Ankerplatz, und außerdem wird die Wassertiefe durch einen unerklärlicherweise hier versenkten Molenblock eingeschränkt. Wir finden aber durch genaue Peilung unsere ideale Ankerstelle wieder und legen die »Moana« gleich an zwei Buganker. Der Wind heult in Böen über die Landenge, aber wir liegen hier unvergleichlich ruhiger als im Hafen Ermoupolis.

Jetzt sind wir für Walter völlig unerreichbar. Wie mag es ihm in Tinos ergehen? Ob er sich große Sorgen um uns macht? Noch ist für uns gerade Zeit genug, zum Fest Mariä Himmelfahrt zurechtzukommen. Viele reisen aber schon eher dorthin; Yachtleute, um einen guten Liegeplatz zu bekommen, Fährenreisende, um mit Sicherheit eine Unterkunft zu finden. Unser Walter wird auch darunter sein. Oder wird er sich einen Liegestuhl gekauft haben, wie jener Amerikaner, der seine Sitz- und Schlafgelegenheit den ganzen Tag zwischen Kirche, Prozession und Kneipe mit sich herumschleppte?

Tinos

Am nächsten Morgen sieht sich Gerd das Kompaßlicht genau an und stellt fest, daß Oxydation das Kabel durchgefressen hat. Er verschiebt die Reparatur jedoch auf einen späteren Zeitpunkt, und wir machen uns nach dem Frühstück sofort auf den Weg. Die ausgezackte Kimm läßt keine falschen Hoffnungen aufkommen. Diesmal haben wir nicht halben Wind zu erwarten wie gestern von Andros nach Syros, diesmal müssen wir hart gegenan. Das bedeutet wiederum volle Salzwassermontur. Sogar Siegfried verschmäht die ihm angebotene Ölzeugjacke nicht. Martin hat zusammen mit dem Skipper zwei Reffs ins Großsegel gebunden, als Vorsegel sind am doppelten Vorstag die Fock und die Genua angeschlagen. Seit Wochen haben wir die Genua nicht mehr gebraucht, aber sie ist an die Reling fest angebändselt wie ein stummes Zeichen des Trotzes oder auch der Hoffnung, daß eines Tages doch eine leichte Brise ihre gewaltige Stoffülle aufblähen wird. Jetzt hängt sie zusammengeknautscht da und hat schon eine kristallglänzende Salzschicht angesetzt.

Die beiden freundlichen Stadthügel von Syros präsentieren sich in gläserner Klarheit in der grellen Morgensonne, als wir die Leuchtturminsel runden, und gleich darauf packt uns der stramme Nordostwind mit eiserner Faust. Das Bewußtsein, daß es geradeaus nur zwölf Seemeilen bis Tinos sind, läßt uns die sofort einsetzenden Duschen mit Humor ertragen. Aber die permanente Schräglage der »Moana« ist uns nicht ganz geheuer. Die Segelfläche ist zu groß. Wir haben das zweifach gereffte Groß, Fock und Besan gesetzt. Wenn wir die Segelfläche verkleinern wollen, muß das Großsegel ganz weggenommen werden. Martin, Siegfried und ich machen uns an die Arbeit. Doch selbst Fock und Besan scheinen noch zuviel zu sein. Also müssen wir auch die Fock bergen und dafür die Sturmfock anschlagen. Das ist keine leichte Arbeit. Martin

▷ *Andros. Hafen Batsi*

und ich haken die Stagreiter aus und lösen den Schraubschäkel vom Stahlstropp. Siegfried bringt den Sack mit der Sturmfock aufs Vorschiff. Gerd bleibt am Ruder. Zur Unterstützung des Manövers hat er die Maschine angelassen. Aber die »Moana« macht keine Fahrt voraus, so stark ist der Winddruck. Die Arbeit auf dem Vorschiff ist sehr beschwerlich. Es ist eigentlich kein hoher Seegang. Aber der Wind schleudert uns ununterbrochen in glasharten Schauern Gischt ins Gesicht. Wir haben die Augen mehr zu als offen, und dadurch wird jeder Handgriff verzögert. Eine Verständigung ist unmöglich. Jedes Rufen ist zwecklos. Schließlich ist es geschafft. Martin führt die Reiter am Stag mit der Hand nach, Siegfried bedient mit der Kurbel das Fall, und ich eile an die Schotwinsch. Noch ein letzter Zentimeter Spannung aufs Fall, dann geht Gerd auf Kurs. Die »Moana« legt sich buchstäblich ins Zeug, neigt sich elegant zur Seite und – Siegfried, der Könner, sucht Halt, läßt die Kurbel los, sie poltert übers Deck und platscht sofort in die Tiefe: Opfergabe an Poseidon.

Mit der kleinen Besegelung stampfen wir langsam vorwärts. Es ist beängstigend, welche Kräfte das Rigg beanspruchen. Die sieben Quadratmeter der Sturmfock reichen aus, um den ganzen Großmast zum Beben zu bringen. Wie ein elastischer Bogen wippt die Saling hin und zurück. Ich mag gar nicht mehr hinschauen.

Wir haben unsere Gesichter irgendwie geschützt, nur den Steuermann trifft das fliegende Wasser mit eiskristallener Schärfe. Dabei wäre die Aussicht so schön! Tinos liegt in voller Breite vor uns, ähnlich wie Andros von hohen Bergen mit kaum wahrnehmbaren Terrassen durchzogen, und natürlich auch mit dieser verflixten, niedrighängenden weißen Wattewolke um den höchsten Gipfel, die uns unverminderten Wind bis zum Hafen garantiert.

»Panaghia Evangelistria! Tiniotissa! Muttergottes von Tinos!« So mögen in früheren Zeiten die Schiffer gebetet haben, wenn sie dem schützenden Ufer schon so nah waren, daß sie die nach ihnen ausschauenden Menschen in Umrissen erkennen und doch das letzte Stück nicht überwinden konnten. Darum mögen dann die Gelöbnisse über ihre Lippen gekommen sein, der Muttergottes reiche Gaben zu bringen, wenn sie ihnen nur helfe, die Situation zu überleben.

Ein eindrucksvolles Weihgeschenk unter den unzähligen Ampeln in der Wallfahrtskirche ist ein silbernes Segelschiff, in dessen Rumpf ein goldener Fisch steckt. Die wundersame Geschichte erzählt, daß ein Fisch das Leck eines vom Untergang bedrohten Kaiki mit seinem Körper abdichtete, nachdem die Seeleute die Panaghia von Tinos um Hilfe angefleht hatten.

Uns ängstigt kein Leck, obwohl auch moderne Boote mit guten Segeleigenschaften nahe vor Tinos oft zum Abdrehen gezwungen werden. Mykonos wäre ebenso nah und mit fast halbem Wind zu erreichen, aber wir plagen uns in stundenlanger Kreuzerei an Tinos heran. Nicht nur die Wallfahrt, auch Walter ist unser Ansporn. Also weiter, durch den Sperrgürtel der Fallböen hindurch, die direkt vor Tinos noch heftiger werden, obwohl uns eine Steigerung gar nicht mehr möglich scheint.

Hundstage nennt man die Zeit, da der Hundsstern, Sirius, mit der Sonne zum Auf- und Untergang verabredet ist. Unter diesem ungünstigen Stern steht unsere Fahrt und macht wahrhaftige Hundstage daraus.

Aber plötzlich ist es vorbei. Noch einmal gehen wir über Stag und sind im Schutz der Mole. Wir bergen die Segel, legen Festmacher bereit und werfen zwischendurch schon einen Seitenblick zum Kai. Souverän, als wäre nichts gewesen, bereiten wir uns aufs Anlegen vor. Keiner spricht es aus – oder fühle ich es ganz für mich allein? Jedesmal nach harten Fahrten, mögen sie lang oder nur kurz gewesen sein: dieses närrisch den ganzen Körper durchpulsende Glücksgefühl, angekommen zu sein! Es ist wie ein bewußt empfundenes Stück neu errungenen Lebens.

Eine ganz andere Art lebendigen Treibens umgibt uns, kaum daß wir uns in den engen Liegeplatz geschoben haben. Walter, unsere Vorhut, unser Quartiermacher, ist zur Stelle, rudert mit den Armen, der Strohhut ist ihm vom Wind und vor großer Wiedersehensfreude verrutscht. Er ruft Fragen herüber, die ihm keiner beantwortet, weil ihn niemand verstehen kann im Lärm der Menschenmenge: Tinos im Fieber der Wallfahrt.

Trotz der Böen ist es auf einmal unerträglich heiß. Ölzeug aus! »Walter, erzähl doch! Wo hast du übernachtet?«

»Verwahrlost siehst du ja nicht gerade aus!« scherzt Gerd und streicht ihm über die frisch rasierte Wange.

Walter hatte sich schnell mit anderen Yachtleuten angefreundet, eine Zahnbürste gekauft, hatte geduscht – das Wichtigste für ihn! – und auch ein Nachtquartier auf einem Motorboot gefunden. Soweit fehlte ihm nichts, nur der pausenlos bis in die späte Nacht hinein laufende Generator, der war »gräßlich«. Unsere Geschichte ist ebensoschnell berichtet. Ein Stagreiter an der Sturmfock hatte sich gelöst, ein zweiter war aufgebogen worden, die Kurbel war über Bord gegangen, sonst waren keine Schäden zu vermelden.

Inzwischen haben sich einige Segler am Kai angesammelt, auch die Nachbarn stehen an der Reling und wollen Neues von uns hören. Es gibt nichts Neues. Das ist eine gleichbleibende Tatsache: Sommerwind in der Ägäis. Manchmal schon im Mai und noch im Oktober, manchmal nur im Juli und August, immer aber mit besonderer Härte vor Tinos. Auch heute im Wetterbericht nur fünf Windstärken, im Hafen von Tinos jedoch Fallböen bis neun Beaufort. Für Tinos nichts Besonderes. Neu für uns sind auch die Vorkommnisse nicht, die manche Segler parat haben. Einige liegen seit Tagen hier im Hafen fest, verschreckt von der Fahrt hierher. Das Meer ist voller Schaumkronen, soweit das Auge reicht. Nun liegen sie hier und wissen nicht, wohin und wie weit sie noch segeln können, um rechtzeitig wieder zurück zu sein.

»Wir haben kein Ölzeug mit«, klagt einer, »wir haben uns darauf verlassen, daß hier immer die Sonne scheint.« Die Sonne scheint, darauf kann man sich verlassen, aber Spritzwasser ist kühl, und wenn Segler, Masten und Wanten erst dicke Salzkrusten haben, hört der Spaß auf. Einer hat auf seinem Charterboot nur einen Übersegler vorgefunden, keine einzige Seekarte in größerem Maßstab. Andere wieder haben keine Sicherheitsgurte. Die Frauen streiken meistens schon nach den ersten Meilen, und sind Kinder dabei, dann ist die Stimmung zum Erbarmen. Dabei sind diejenigen, die in Tinos hängenbleiben, noch gut dran. Der Hafen ist hervorragend geschützt, die Versorgung ausgezeichnet, Badestrände gibt es in Hülle und Fülle, und auch sonstige Ausflugsmöglichkeiten sind nicht rar. Nur: so war der Urlaub nicht geplant. Da tröstet es wenig, daß zumindest der Rückweg zur Attikaküste günstiger verlaufen wird.

Viel weniger positiv äußert sich der griechische Besitzer des »Mariner«-Yachtclubs, Vertrauensmann der deutschen Kreuzer-Abteilung, unermüdlich den Sorgen und Wünschen der Sportbootfahrer aufgeschlossen. Er unterhält einen privaten Rettungsdienst und hat zu diesem Zweck einen starken Kutter und eine zähe einheimische Mannschaft zur Verfügung. Sie schleppen defekte Motoryachten ab und holen Segler in den Hafen, die wegen geringer Erfahrung, mangelnder Kenntnis des Bootes, durch falsche Besegelung oder unzureichende Ausrüstung in hilflose Situationen geraten sind. Eine schauerliche Sammlung von Ausnahme- und echten Seenotfällen!

»Wir können nur helfen bis sieben, acht Beaufort, dann gehen meine Leute nicht mehr hinaus, und gerade dann passiert am meisten. Wir brauchten einen kräftigen, gut ausgerüsteten Seenotrettungskreuzer, so ähnlich wie die Fahrzeuge der Deutschen Gesellschaft zur Rettung Schiffbrüchiger.« Nach einer Pause fügt er hinzu: »Wir können viel helfen, aber bei Mann über Bord – da haben wir kein Glück . . .«

Einen Rettungskreuzer für Schiffbrüchige in der Ägäis. Wer hält so etwas für nötig? In keiner Zeitung ist davon zu lesen: Der Vertrauensmann registrierte 33 Seenotfälle allein vor Tinos. Er schildert Ereignisse, wie sie gottlob selten vorkommen, zum Beispiel, daß ein Einhandsegler nach einem Herzanfall auf die Klippen treibt. Doch als häufigste Ursache nennt er mangelhafte Ausrüstung und ganz einfach Überforderung der Crew durch Seekrankheit und Zusammentreffen verschiedener ungünstiger Umstände.

»Heute kam ein junges Ehepaar unter Segel in den Hafen«, erzählt er weiter. »Ich habe sie schon lange vorher durchs Fernglas beobachtet. Mit letzter Kraft brachte der Mann die Segel herunter, wir halfen ihm beim Anlegen. Die Frau hatte nur ein T-Shirt über dem Bikini an, sie schlotterte vor Kälte und Nässe. Sie haben ein acht Monate altes Kind an Bord, aber nicht einmal für den Mann einen Sicherheitsgurt. Stellen Sie sich vor, wenn der über Bord ginge . . .« Dann kann die Muttergottes von Tinos allen dreien nicht mehr helfen.

»Freude am Segeln in den Kykladen« – dieser Leitspruch setzt Arbeit voraus, sorgfältige Auswahl des Bootes, gründliche Ausrüstung und seglerische Erfahrung oder die Obhut eines versierten Skippers. Dann braucht man die Tücken dieses Seereviers nicht zu fürchten. Trotzdem wird es immer wieder schwierige Situationen geben, denn schon bei der Routenauswahl wird oft vieles gegen besseres Wissen geplant und

▷ *Taubenhaus auf Tinos*

▷▷ *Tinos. Landschaft im Inselinneren*

gegen die Vernunft. Die Inseln lassen sich nun mal nicht dorthin streuen, wo sie für die Reise gerade nützlich oder angenehm wären. Den einmal festgelegten Törnplan kann man auch nicht immer einhalten. Oft muß improvisiert und wetterbedingt anders gehandelt werden, als ursprünglich vorgesehen war, wenn alles gutgehen und Freude machen soll.

Freude an der Seefahrt steht den Pilgern nicht im Gesicht geschrieben. Sie sind froh, das Ziel erreicht zu haben. Für sie ist das Übersetzen vom Festland nach Tinos ein beschwerlicher, aber unumgänglicher Teil ihrer Wallfahrt. Unaufhörlich strömen sie aus den Fähren, die für die Zehntausenden von Gläubigen Sonderfahrten eingeschoben haben. Sie kommen mit ihrem Popen, mit ihrer Familie, bringen ihre Kranken mit, ihre kleinen Kinder. Je weiter entfernt sie leben und je ärmer sie sind, desto mehr Gepäck haben sie bei sich: Decken, Tücher, Kleidung, Spielzeug, einen Spirituskocher, einen Topf. Es ist vielleicht die weiteste, vielleicht überhaupt die einzige Reise ihres Lebens. Wer ohne Hotel oder Fremdenzimmer auskommen will, sucht sich einen Platz in den Grünanlagen, in einer Toreinfahrt oder einfach im schmalen Häuserschatten auf der Straße. Teilweise versorgen sich die Pilger selbst. Es genügen ein Brot, ein paar Tomaten oder eine Melone. Sie lassen ihr Gepäck unbesorgt zurück, säuberlich in Decken geschlagen, während sie Kerzen oder Votivbilder kaufen und in der Kirche ihre Andacht verrichten.

Die breite Prozessionsstraße vom Hafen zur Wallfahrtskirche pilgern sie hinauf, schwarz gekleidet in der glühenden Sonne. Einige legen den ganzen weiten Weg mitten im Gedränge auf den Knien zurück; selbst Kinder sind darunter. Behinderte und unheilbar Kranke werden gestützt, geschleppt, geschoben, unter zusätzlichen Qualen zur Ikone gezwungen, die an jedem der Pilger ein Wunder vollbringen soll. Erschütternde Szenen verzweifelter Gläubigkeit erleben wir.

Durchs ganze Jahr finden sich Wallfahrer ein, aber am 25. März und am 15. August sind die Feierlichkeiten und Prozessionen am glanzvollsten. Kirchliche Würdenträger, Regierungsvertreter und hohe Offiziere nehmen teil. Schon am Vortag bewegen sich endlose Menschenreihen über die Höfe und Treppen vorwärts. Unter Gesang und Gebet streben sie dem kleinen Kirchenraum zu, wollen das Gnadenbild berühren, das unter den vielen Juwelen nicht zu erkennen ist, eingenebelt in immer neue Weihrauchschwaden. Auch in den Höfen um die Wallfahrtskirche lagern die Pilger. Babywäsche flattert an blühenden Hibiskussträuchern, Kranke werden versorgt, daneben improvisieren Kinder ihre Spiele, Erschöpfte ruhen aus. Die gleißende Hitze wird nur durch den heftigen Wind erträglich.

In den Geschäftsstraßen sind die Devotionalien in den Vordergrund gerückt: Heiligenbilder, Kerzen, Votivtafeln für jedes Gebrechen, gläserne Augen gegen das Böse und winzige, perlenbestickte Kissen, die Glück bringen sollen. Fliegende Händler haben ohne viel Aufwand ihren Verkaufsstand aufgeschlagen: einen Campingtisch und ein paar Plastiktüten mit Ware. Bunte Fläschchen für das Weihwasser aus der unerschöpflichen heiligen Quelle, Spielsachen, Luftballons. Auch ein Pope nutzt die günstige Gelegenheit und verkauft Süßigkeiten. Zigeunerkinder wittern einen bescheidenen Gewinn und stellen sich verschämt dem Fotografen.

Tinos ist das griechische Lourdes, mit allen Gegensätzlichkeiten eines Wallfahrtsortes. Unzählbar sind die Wunder, die seit der Entdeckung des Gnadenbildes im Jahre 1823 und der darauffolgenden Errichtung der Kirche geschahen! Wiederkehrende Visionen einer Nonne hatten zum Fund des Bildes geführt, das seit neunhundert Jahren nach einem Brand unter den Trümmern einer byzantinischen Kapelle verschüttet lag. Es stellt Mariä Verkündigung durch den Erzengel Gabriel dar. Es soll vom Evangelisten Lukas noch zu Lebzeiten Mariä gemalt worden sein, was dem Gemälde die besondere Wunderkraft verleiht. Bei den Grabungen für das Fundament der Kirche stieß man auf eine Quelle, die seitdem als heilkräftig bekannt ist und heute noch in einem Raum unter der Kirche sprudelt.

Zur gleichen Zeit, als Syros sich mit ungebrochener Überlebenskraft zu einem Zentrum von Wirtschaft und Kultur emporrang, entwickelte sich Tinos – ungeachtet des überall tobenden Freiheitskampfes – zu einem religiösen Mittelpunkt und erfreut sich seiner ungeminderten Bedeutung bis heute. Nicht nur die kostbaren Weihegaben, die in der Kirche aufbewahrt sind und von wundersamen Heilungen und Errettungen zeugen, wurden von Gläubigen gestiftet, auch der Bau der Kirchenanlage selbst geht auf großmütige Schenkungen zurück. Die gestalterische Absicht des Baumeisters aus Smyrna erscheint mir für diesen ernsten Zweck ein wenig verspielt. Aber die Kirchenanlage überragt mit ihren Treppen und Arkaden, dem Vorhof mit Kieselmosaik und dem bemerkenswerten Glockenturm die Stadt. Sie übt einen eigenartig orientalischen Reiz aus.

Nicht immer geschehen während der hohen Feste auf Tinos Wunder, aber die Bevölkerung der Stadt hat durch den Ansturm der Pilger kalkulierbare Einnahmen. Darüber hinaus ist die »Allgriechische Heilige Einrichtung der Evangelistria von Tinos« als Anstalt öffentlichen Rechts eine unermüdliche Verfechterin von kommunalen und sozialen Verbesserungen: Der Bau von Kaianlagen, von Straßen, der weitläufigen Wasserleitungen und der Stromversorgung waren nur mit ihrer finanziellen Hilfe möglich. Altersheime, Waisenhäuser, Bildhauer- und Musikschulen, Stipendiaten und Missionen werden großzügig von ihr unterstützt, und bei Naturkatastrophen springt die Institution sofort hilfreich ein. So fließen die reichen Spenden der Gläubigen auf dem Umweg über die windumtoste Kykladeninsel dem griechischen Volk wieder zu.

Der Vorabend des Festes Mariä Himmelfahrt ist in Tinos für die eigentliche Wallfahrt gedacht, für Bußgänge, Opfer und Gebete. Am 15. August finden die offiziellen Veranstaltungen statt: eine lange Messe und die Prozession, bei der die Ikone in einem gläsernen Schrein auf den Schultern von Honoratioren und Soldaten durch die Stadt zum Hafen getragen wird. Voraus marschieren Militärmusikkapellen, Soldaten in Galauniformen mit goldenen Säbeln und blankgeputzten Knäufen auf den weißen Tropenhelmen bilden die Eskorte. Dazwischen bemerken wir zwei Pfadfinder: der alte, weißhaarige, hat den jungen, vierjährigen, an der Hand. Die Zuschauer säumen in respektvollem Abstand die Straße, sie lehnen aus den Fenstern, stehen auf Balkonen, ja sogar auf Dächern und Gartenmauern, die Yachtleute auf den Brücken der Motorboote, und ein paar Verwegene hängen in den Masten der Segelboote. Alle Boote und Schiffe haben über die Toppen geflaggt, und überall in den Straßen flattern Fahnen. Unter dem unaufhörlichen Läuten der Kirchenglocken erreicht die Prozession ihr Ziel an dem marmornen Rundbau am Hafen, wo der kirchliche Würdenträger in prächtigem Ornat eine weitschweifige, für uns sehr ermüdende Predigt zu Ehren der »Tiniotissa« hält, während der Meltemi die zahllosen Flaggen knattern läßt und mancher ehrwürdigen Kopfbedeckung einen Streich spielt . . . Schließlich wird die Ikone noch einmal herumgezeigt, die Fernsehkameras kommen wieder in Bewegung, die Nationalhymne erschallt, und mit Böllerschüssen und durchdringendem Geheul der Schiffssirenen wird das Fest beendet.

Der 15. August wird deshalb mit außerordentlichen militärischen Ehren begangen, weil er gleichzeitig Gedenktag für die Opfer des Kreuzers »Elli« ist, der vor dem Hafen von Tinos im Jahre 1940, noch vor der Kriegserklärung, durch ein italienisches U-Boot torpediert wurde. Ein Teil der nichtsahnenden Besatzung befand sich glücklicherweise bereits an Land, doch das Ereignis löste große Empörung im ganzen Lande aus. Seitdem fährt jedes Jahr eine kleine Abordnung aus den Reihen der Prozession mit dem Boot an die Unglücksstelle, um einen Lorbeerkranz für die Opfer dem Meer zu übergeben.

Die Menschenansammlung löst sich langsam auf, die Pilger streben den Fähren zu, und in Tinos kehrt allmählich wieder der Alltag ein. Bald hat der Wind die letzten Spuren der Lagerstätten verweht. Wir holen Wasser aus dem Hahn an der Straße, der vielleicht aus derselben makellos klaren Quelle gespeist wird wie der heilige Brunnen.

Obwohl am Kai das Wasser reichlich aus dem Hahn fließt, kann Tinos nicht als wasserreiche Insel bezeichnet werden. Aber sie hat einige kleine Bäche. Durch gute Ausnutzung der Feuchtigkeit in den Schwemmlandmulden der Trockenbäche und durch Terrassierung wird dem Land einige Fruchtbarkeit abgerungen. Selbst Viehhaltung ist in bescheidenem Maße möglich. Bei einem Ausflug ins Inselinnere treffen wir auf eine weite, in weichen Grün- und Brauntönen abgestimmte Landschaft, auf ein sanftes Auf und Ab von Hügeln und Terrassenhängen, unterbrochen vom hingetupften Weiß der Ortschaften und – der Taubenhäuser.

Auch auf anderen Inseln haben wir schon die Taubenhäuser bewundert. Aber auf Tinos sind sie in einer Vielzahl und in einer Vielfalt der Ausführungen vorhanden, daß man auf einen Wettstreit zwischen den Erbauern schließen könnte. Wie zum Beispiel Villen-

▷ *Delos. Mosaikfußboden eines antiken Wohnhauses*

▷▷ *Delos. Im antiken Wohnviertel*

besitzer sich gegenseitig in der Gestaltung ihrer Gärten gelegentlich übertrumpfen wollen, so haben sich hier wohl die Taubenhalter durch die Jahrhunderte in immer reicheren Variationen von – Taubenställen versucht. Denn Ställe sind diese Türme in erster Linie. Sie sind mit einfachsten Mitteln zusammengefügt: Der quadratische Unterbau besteht aus rohen Bruchsteinen. Wie die Mauern auf den Feldern sind sie ohne Mörtel aufgeschichtet. Die Steine sind eng aneinandergepaßt, so daß ebene Flächen entstehen. Die Mauern der über das Fundament sich erhebenden Stockwerke für die Tauben sind in immer wieder überraschenden Abwandlungen gestaltet. Zweck dieser Taubentürme ist es, auf engem Raum möglichst vielen Tauben Unterkunft und Brutmöglichkeit zu geben, weil einerseits das zarte Fleisch begehrt ist, andererseits der wertvolle Dünger für den Gemüseanbau gebraucht wird. Bei genauerem Hinschauen erkennt man, daß die kunstvollen Schachtelornamente um die Fluglöcher durch Aneinanderstellen von Schieferplatten entstehen, die auf Tinos überall vorkommen. Mit ein wenig Phantasie lassen sich so die wirkungsvollsten Muster erzielen und zusätzlich Zinnen oder Aufbauten als Landeplätze für die Tauben schaffen. Die sauber weiß gekalkten Bauten stehen wie eigenwillige, kleine Kunstwerke in der Gegend. Der untere Raum dient zum Abstellen von Geräten oder den Haustieren als Zuflucht vor der Sonne. Wahrscheinlich haben die Venezianer die Tauben auf die griechischen Inseln gebracht und sie ursprünglich zur Nachrichtenübermittlung benutzt.

Kaum sind wir im Innern der Insel, werden wir auch schon mit der Geschichte konfrontiert. Auch hier sind starke venezianische Einflüsse zu spüren. In Bourgo, der ehemaligen Inselhauptstadt am Fuße des markanten Exobourgohügels, sind nur noch Ruinen der venezianischen Festung und der Wohnhäuser zu sehen. In Xynara dagegen, dem Bischofssitz, ist das katholische Tinos bis heute sehr lebendig geblieben. Immerhin war Tinos einer der letzten Stützpunkte Venedigs und damit des Katholizismus in der Ägäis. Erst als die Insel durch die Ikone von Tinos als Nationalheiligtum bekannt wurde, verlagerte sich der Schwerpunkt auf die griechisch-orthodoxe Kirche. Noch heute ist ein Drittel der Bevölkerung katholisch. Übrigens hielt sich Tinos im Befreiungskrieg gegen die Türken außerordentlich zurück. Was an dieser Stelle einmal bedacht werden sollte: Auf dem Festland und auf den Inseln waren es immer wieder die orthodoxen Klöster, die in ihren Schulen die griechische Sprache und die griechische Wesensart pflegten. Damit retteten sie ein wichtiges Erbe über die jahrundertelange Fremdherrschaft hinweg.

Wer sich für die Antike interessiert, kann geringe Reste der Polis ebenfalls am Hang des Exobourgo suchen oder in der Nähe des schönen Strandes Kionia bei Tinos, wo Fundamente eines Poseidonheiligtums zu erkennen sind. Die bemerkenswerten Funde bleiben ja nicht in der Natur liegen, sondern werden in Museen aufbewahrt.

Für Poseidon muß die Insel große Dankbarkeit empfunden haben. Er soll in legendärer Zeit eine Schlangenplage durch Herbeirufen von Störchen, die sich an den Schlangen gütlich taten, beendet haben. Noch heute sollen gelegentlich einzelne dieser schwarzen Schlangen zu sehen sein.

Vielleicht liegt es an den reichen Marmorvorkommen, daß Tinos viele Bildhauer hervorgebracht hat, die durchweg in Pyrgos, also in unmittelbarer Nähe der Steinbrüche, beheimatet waren. Möglicherweise hat die lebendige Farbigkeit des einheimischen Gesteins in weißen, rosa und grünen Schattierungen manchen Künstler zur Schaffung seiner Werke animiert. Anonym dagegen sind die Meister der zahllosen »Pheggites«, der halbrunden, marmornen Schmuckplatten über Türen und Fenstern. Sie haben über ihr schönes Aussehen hinaus auch einen praktischen Sinn: Durch die ausgesparten Öffnungen kann genügend Luft zirkulieren, ohne daß Fenster oder Türen offenstehen. Die Felder zwischen den durchbrochenen Teilen sind mit Reliefs von Gestirnen, Blumen oder Segelschiffen phantasievoll verziert.

Auch in Panormos, dem Hafen an der Nordostseite der Insel, haben wir bemerkenswerte Marmorarbeiten entdeckt. Diesen Hafen hatten wir bei einer früheren Gelegenheit besucht, als der Meltemi noch nicht die sommerliche Ausdauer hatte. Bei aufkommendem Wind verließen wir die Bucht, weil rasch unangenehmer Schwell entstand. In verschiedenen Veröffentlichungen wird der Hafen als geschützt bezeichnet, doch wenn ich seine Lage betrachte, glaube ich eher dem DSV-Vertrauensmann, der ihn als sicheren Ankerplatz ablehnte. Landschaftlich ist er für windarme Zeiten sehr zu empfehlen, wie überhaupt die Küste durch ihre abwechslungsreiche Formation nicht nur einen reizvollen Anblick bietet, sondern manchen schönen Ankerplatz bereithält. Das Anlaufen dieser Ankerplätze ist aber nur bei absolut ruhiger Wetterlage zu empfehlen. Wenn man schon am Stenon Dysvaton, an der weniger als eine Seemeile breiten Durchfahrt zwischen Andros und Tinos, gegen eine Strömung von zwei Knoten anzukämpfen hat, sollte man auf die Nordostküste von Tinos lieber verzichten. Die Südseite hat genügend Badeplätze in der Nähe des sicheren Hafens.

Sicher ist der Hafen Tinos. Daß trotzdem ein Schaden an unserer Reling entsteht, ist diesmal nicht dem Wind zuzuschreiben, sondern der Brutalität eines griechischen Kapitäns, der sein großes Vergnügungsboot mit Gewalt und Vollgas in die Lücke neben uns preßt. Wir haben nicht die geringste Möglichkeit, etwas dagegen zu tun, obwohl wir abzuhalten versuchen, was unsere Bizepse nur hergeben. Seine plumpe Scheuerleiste drückt zwei unserer Relingstützen nach innen, und würde die »Moana« sich zum Heck hin nicht verjüngen, hätte er uns womöglich auf den Kai gesetzt. Unser empörtes Gestikulieren tut er mit der Bemerkung ab, wir könnten ja den Schaden bei seiner Reederei in Piräus anmelden. Nun suche einer in Piräus die Reederei eines Bootes mit einem Allerweltsnamen sowie einem namenlosen Kapitän und erkläre die Umstände dazu! Zwar hätten wir unseren Vertrauensmann zu Hilfe rufen können, aber so wichtig erscheint uns die Geschichte dann auch wieder nicht, zumal Gerd mit der nötigen Wut im Bauch ganz schöne Kräfte beim Zurückbiegen der Relingstützen entwickelt. Jetzt stehen sie zwar nicht gerade, aber immerhin aufrecht.

Als ob Monika ahnt, daß es sich bei dem uns empfohlenen Lokal um etwas ganz besonders Exklusives handelt, hat sie sozusagen das »kleine Schwarze« angelegt. Dem Breitengrad entsprechend besteht es aus viel hauchdünnem Stoff, der auf geringen Flächen konzentriert ist, während ich in meinem »Paßt-zu-jedem-Anlaß-Kleid« wie ein biederes Hausmütterchen wirke. Der Aufzug unserer Herren allerdings ist nach den Regeln deutscher Yachttradition völlig indiskutabel. So fröhlich gemischt stolzieren wir in das intim mit Windlichtern erhellte Lokal und stellen unter fachkundiger deutscher Anleitung ein griechisches Menü zusammen, wie es auf den Inseln der Kykladen so schnell nicht zu finden ist. Manche Spezialität erkennen wir gar nicht wieder, so fein abgeschmeckt, sorgfältig gewürzt und extravagant serviert schwebt sie auf unseren Tisch. Eine fast unsichtbare blonde Fee in wallendem Gewand schenkt Wein nach, räumt leere Teller weg, bringt neues Besteck, aufmerksam, leise, dezent – alles Tafelgewohnheiten, die wir seit Monaten vergessen haben. Entsprechend selbstverständlich fällt die Rechnung aus. Erschreckt sammeln wir die notwendigen Scheine ein und verbergen sie unter der gefalteten Serviette, verzichten selbstverständlich auf die Münzen – bei dem Service . . .

Echt griechische Gaumenfreuden in perfekter deutscher Verpackung – auf einer Kykladeninsel. Eine kleine Weile haben wir wohl in Poseidons Zauberreich verbracht. – Draußen in der schummrigen Gasse fährt uns Frauen ein frecher irdischer Windstoß unter die ungewohnten Röcke.

Irgendwie ist der Abend trotz allem noch unvollkommen. Wir schlendern durch die von allen Pilgern verlassenen Häuserreihen und stehen plötzlich vor einem halbhohen Eingangstor, das den Toren in Wildwestfilmen ähnlich sieht, durch die unerwünschte Helden mit einem gezielten Tritt auf die Straße befördert werden. Während wir noch überlegen, ob dies eine Scheune, eine Schlosserwerkstatt oder ein Weinkeller sei, winkt uns ein Alter mit steinernem Gesicht herein. Es ist wie ein Bann, wir folgen dem Winken und nehmen um einen rohen Tisch Platz. Nur zwei Männer sind außer dem unheimlichen Wirt anwesend, der uns, ohne zu fragen, Wassergläser hinstellt und mit einer dunkelgelben Flüssigkeit füllt. Ebenso stumm stellt er Untertassen mit zerteilten hartgekochten Eiern, Käsestückchen und Brotstreifen hin. Und diese Beigabe brauchen wir wirklich; denn der Wein – das ist echter, hausgemachter Retsina! Das ist Harz mit Wein, nicht umgekehrt. Gerd macht ein Gesicht, als hätte er in einen frisch geernteten Tannenzapfen gebissen! Wenn da nicht das Schnipselchen Brot bereitläge – ich weiß nicht, ob er nicht ebenso telegen durch die Schwingtür auf die Straße gefallen wäre wie die Westernhelden. Wir schlucken tapfer unseren Opfertrank, zwischendurch kauen wir dankbar das Zubrot, langsam und ausdauernd wie in einem Überlebenslehrgang, um für den

▷ *Mykonos. Blick auf Stadt und Hafen*

▷▷ *Viehtransport von Mykonos nach Delos mit einem Kaiki*

ΑΓ. ΑΝΔΡΕΑΣ

nächsten Schluck gewappnet zu sein. Der Gastgeber würdigt uns keines Blickes, einmal in seinem Gewölbe mit den großen grünen Fässern, sind wir ihm sicher. Die schweren Werkzeuge ringsum an den Wänden verstärken nur noch den Eindruck unserer Hilflosigkeit. Retsina ist der Gesundheit sehr bekömmlich. Der Alte ist ein Beispiel dafür: Er ist innerlich mit Harz ausgegossen, und so kann sein Körper weder schrumpfen noch zerfallen. Jetzt brauchten wir das Kleingeld, um uns freizukaufen! Aber der Steinerne will keine Bezahlung. Wir schieben unbemerkt ein paar Drachmen unter den Tellerrand und stehlen uns davon, bevor er noch einmal seinen kupfernen Meßbecher hebt, um uns nachzuschenken. »Kali nichta . . .« So kleinlaut haben wir noch nie eine Weinschenke verlassen.

Delos (Dilos) und Rheneia (Rineia)

Auf die nächste Fahrt freuen wir uns: Es geht mit achterlichem Wind nach Rheneia. Wenn ich zurückdenke, welche Fahrten ich als dramatisch empfand, so waren es in erster Linie die mit Wind von vorn oder die mit Dünung ohne jeden Wind. Wenn aber die Richtung stimmt, dann kann das Segeln in den Kykladen eine Lust sein, auch wenn der Wind mit beachtlichen Stärken bläst.

Man sollte in der Ägäis immer nach Süden oder Südosten segeln können, dann gäbe es viel weniger Probleme. Doch wer kreuzt dann wieder zurück? Vielleicht ließe sich ein professioneller Bootsheimkehrdienst organisieren unter dem Werbespruch: »Manche mögen's naß«?

Bevor wir Delos erreichen, kündige ich an, daß ich meinem Grundsatz untreu werden muß, die Inseln nach der Schreibweise in der Seekarte zu benennen. Zwar findet man immer häufiger auch in Landkarten die neugriechische Schreibweise Dilos, aber die Insel als kultischer Mittelpunkt der Kykladen, die sich wie in einem Kreis (=kyklos) um das kahle Eiland scharen, ist allgemein unter der altgriechischen Schreibweise »Delos« bekanntgeworden. Nachfolgend ein kleiner Vergleich verschiedener Ortsbezeichnungen nur im Raum Dilos-Rineia-Mykonos: Rineia und Dilos werden zusammen Dili genannt; Rineia, auch Rinia, Rhinia oder altgriechisch Rheneia, heißt bei den Griechen jedoch Megali Dilos (großes Dilos) im Unterschied zum kleineren, obwohl bedeutenderen »Mikro-Dilos«. Die Remati-Inseln werden einmal mit Rematiaris und Ekati, dann wieder mit Megali und Mikra Revmatari bezeichnet. Die Bucht von Mykonos-Hafen heißt in der Seekarte Ormos Mykonou, auf einem Inselplan Tourlos-Bay, das Kap davor Vourvoulakas oder Ak. Tourlos, das Kap Kalafatis schließlich läßt sich in der Seekarte unter Ak. Tarsanas finden und so weiter und so fort . . . Yachtreisende sollten sich deshalb generell entweder für deutsche oder englische Seekarten entscheiden, um die Verwirrung in Grenzen zu halten. Übrigens weichen auch die Höhenangaben stark voneinander ab. Unterschiede von achtzig bis hundert Metern scheinen für die Geographen gar nichts zu bedeuten; sie steigen ja nicht hinauf, aber für uns ist die Differenz sehr wohl zu spüren, zumal wir mindestens drei Fotoapparate mitschleppen.

Als Einstimmung auf die große antike Tempelschau Delos ist Rheneia gerade geschichtsträchtig genug. Doch davon bemerken wir noch nichts, während wir, wegen der vorgelagerten Klippen, mit dem nötigen Abstand an der Westküste entlangsegeln. Das Land ist mäßig hoch, und von See her sieht es außerordentlich trostlos aus. Zum Anlaufen der offenen Bucht Ormos Miso an der Westküste erscheint uns das Wetter nicht geeignet. Wir ankern lieber in der nach der Seekarte namenlosen Südbucht, die möglicherweise mit »Kiriaki« identisch ist. Sie ist bei Meltemi sehr gut geschützt und hat wunderbaren, sandigen Ankergrund. Auch der feine Sandstrand ist ein Genuß fürs Auge und für die nackten Füße.

Die Insel selbst aber können wir nur mit festen Schuhen betreten. Sie besteht nur aus Steinen und Dornen. Daß überhaupt zwischen den auch hier zum Schutz gegen den Wind aufgerichteten Mauern schüttere Getreidefelder bestellt werden, kann uns nur wundern. Wir begegnen keinem Menschen, aber mehreren scheuen Schafherden, die sich in die ehemalige

»Wochenstation« flüchten, sobald wir in ihre Nähe kommen.

Nach Rheneia kamen die Bewohner von Delos speziell zum Gebären und Sterben, nachdem im Zuge der zweiten »Reinigung« der Insel Delos im Jahre 425 v. Chr. Schwangere und Sterbende vom heiligen Boden verbannt wurden. Das führte dazu, daß nicht nur alle Gräber von Delos nach Rheneia verlagert wurden – Funde aus dem sogenannten Reinigungsgraben sind im Museum Mykonos zu sehen –, sondern daß viele Bewohner von Delos sich hier ihren Sterbe-, sprich: Alterssitz erbauten. Die Häuser für die werdenden Mütter lagen nahe der Delos gegenüberliegenden Landestelle, denn sicher war in diesen Fällen manchmal Eile geboten. Warum der Akt der Geburt als unrein empfunden wurde, ist schwer einzusehen, da ja Delos als Geburtsort von Apollon und Artemis seine Bedeutung erlangte. Apollon hat den Tod gehaßt; das jedenfalls verkündete ein delphischer Orakelspruch, auf Grund dessen die »Reinigung« geschah. Athen legte das Orakel weiter aus und ließ die Kasse des Attisch-Delischen Bundes aus »Sicherheitsgründen« – nach Athen verlagern. Dadurch büßte Delos viel von seiner Machtstellung ein.

Von den Gebäuden in der Nähe des Anlegeplatzes sind noch einzelne Mauern erhalten. Sportbootfahrer benutzen diese Bucht, Ormos Schino, gelegentlich zum Ankern, doch gegen Nordwind ist sie nicht geschützt.

Die Tiere scheinen auf Rheneia sich selbst überlassen zu sein. Wir treffen gleich drei Esel zusammen an und gar nicht weit davon – das Skelett eines vierten. Noch als blankes Gerippe macht das arme Tier einen vorwurfsvollen, mitleiderregenden Eindruck. Brav, wie es hier die letzten Tage oder Wochen seines Lebens in der Sonne verbracht haben muß, ist es verendet: stehend, den Kopf auf die Bruchsteinmauer gestützt, nur ein wenig in den Kniegelenken eingeknickt und seitlich an die Mauer gelehnt. Kein Gnadenbrot, kein Schattenplatz war dem genügsamen Geschöpf auf dieser baumlosen Insel vergönnt. Nach einem zähen Arbeitsleben wurde es zum Sterben einfach abgestellt.

Unser Gang über Rheneia ist wirklich nicht dazu angetan, die Stimmung zu heben. Wenigstens das klagende Lied einer Hirtenflöte müßte jetzt erschallen. Es würde so schön zu dem glutvollen Sonnenuntergang und der kahlen Insel passen. Und während jeder seinen Gedanken nachhängt, ertönt tatsächlich eine vertraute Melodie: Martin hat klammheimlich aus seinem Seesack eine Mundharmonika hervorgezaubert. Kurz darauf kommt Monika mit einer Tafel Schweizer Schokolade angeraschelt. Das ist fast zuviel fürs Gemüt.

Später muß Walter, der die zwölf Seemeilen lange Reise von Tinos hierher wie ein Mann ertragen hat, sich mit dem Mond herumärgern, der ausgerechnet in seine Koje scheint. Da wir vor Anker frei schwojen, bleibt das Mondlicht nicht gleichmäßig auf seinem Gesicht liegen, sondern treibt neckische Blinzelspiele mit ihm. Bei geschlossener Einstiegsluke jedoch meutert Siegfried sofort, der in den letzten Tagen sonst nicht sehr gesprächig war. Walter scheint aber wegen seiner Mondempfindlichkeit öfter Kummer zu haben, denn er hat schon vorgesorgt: Weil keine andere Lösung zu erreichen ist, holt er seine doppelte schwarze Augenklappe hervor und maskiert sich für die Nacht als Zorro. Andere machen die weite Reise eigens dafür, den Mond über Delos aufgehen zu sehen . . .

Wir wollen die Ausgrabungen von Delos besuchen, ankern aber diesmal nicht in der Phournibucht, die ein sicherer und dazu noch schöner Ankerplatz für diesen Zweck ist, sondern etwas außerhalb in einiger Entfernung vom kleinen Kai, an dem die Ausflugsboote von Mykonos und die Zubringerboote der Kreuzfahrtschiffe festmachen. An diesem Anleger ist im Sommer tagtäglich ein so unangenehmes Gedrängel, daß wir nicht auch noch mitmischen wollen. Die Wärter am Eingang müssen unsere gute Absicht erkannt haben, denn Gerd wird weitergeschoben, bevor er sich an der Kasse anstellen kann: »Kapetan – tipota!« Er als »Kapitän« hat nichts zu bezahlen. Mit Recht, meine ich, wenn man bedenkt, wie viele Unentschlossene wir schon zum kunsthistorischen Anschauungsunterricht überredet und hierhergebracht haben. Auf dem Fußweg ist es vom Ankerplatz aus etwas weiter zu den Ausgrabungen, als wenn man geradeaus ginge. Doch querfeldein zu dem historischen Gelände zu wandern ist nicht nur verboten, sondern wegen der vielen hohen, wackeligen Feldmauern und darüberliegenden Dornenzweige derart mühsam und riskant, daß der Weg am Meer entlang unbedingt vorzuziehen ist.

▷ *Nach nasser Fahrt*

Auch wäre ich dort oben fast auf eine Schlange getreten, die zwar nicht giftig gewesen sein soll, mich aber doch ganz schön erschreckt hat. Überhaupt raschelt und huscht es auf dieser Insel, wohin man auch sieht. Tausende von Eidechsen müssen hier leben: die kleinen schlanken, grünlich oder golden schimmernden und die gedrungenen, anthrazitfarbenen oder scheckig gemusterten. Auf den warmen Mauern sitzen sie lange Zeit unbeweglich, starr und aufmerksam den Kopf gereckt, unverwandten Blicks. Wenn wir aber den Fotoapparat schußbereit haben, sind sie augenblicklich in Spalten oder hinter Gemäuer verschwunden. Verstecke haben sie auf Delos genügend. Auch Frösche müssen sich hier wohlfühlen. Ihr lautes Konzert läßt uns darauf schließen. Die große Zisterne ist solide gebaut und gut erhalten. Viele kleinere, private Wasservorratsstellen sind unter Gestrüpp verborgen. Sie werden leicht zur Gefahr, wenn Besucher von den ausgetretenen Wegen abweichen.

Wie sich Touristen in Massen oft aufführen, ist hinreichend bekannt. Und nach Delos kommen sie nun mal im Hochsommer massenweise, sei es von Mykonos mit Ausflugsbooten oder direkt von den in respektvoller Entfernung ankernden Kreuzfahrtschiffen. Wir Yachtleute haben den Vorteil, daß wir uns die günstigste Zeit für die Besichtigung von Delos auswählen können. Wir paddeln also gleich am Morgen, bald nachdem das Gelände geöffnet wurde, hinüber. Kurz nach der Mittagspause ist auch nicht viel los. Im Mai ist es hier noch viel schöner als jetzt, weil in diesem Monat das gesamte Ausgrabungsgelände in ein Meer von leuchtendrotem Mohn und anderen wilden Blüten getaucht ist.

Selbst anhand eines Planes ist es schwierig, die verschiedenen Bauepochen auseinanderzuhalten. Man muß sich schon eingehend damit beschäftigen. Doch auch zielloses Wandern durch die schmalen Straßenfluchten oder über die Plätze mit den aufgeschichteten oder wie zufällig daliegenden Bruchstücken von Säulen, Portalen, Fliesen oder auch Skulpturen ist aufschlußreich und beeindruckend. Rätselhaft bleibt, warum gerade dieses karge Eiland zu solch großer religiöser und wirtschaftlicher Bedeutung aufstieg. Monika ist begeistert und neugierig, will aber nicht mit einem Kunstführer vor der Nase an den schönsten Ausblicken über Insel und Meer vorbeilaufen. Deshalb erzähle ich ihr unterwegs einiges: Das orientalische Liebesabenteuer des Göttervaters Zeus mit Leto blieb nicht ohne Folgen, und weil aus Furcht vor dem Zorn der eifersüchtigen Göttermutter Hera kein Land Leto aufnehmen wollte, zeigte ein erstes und letztes Mal Poseidon, der Bruder des Zeus, Erbarmen und verankerte mit seinem Dreizack die bis dahin schwimmende Insel Delos im Meeresboden, damit Leto, an den Berg Kynthos gelehnt und die Palme am später heiligen See umklammernd, gebären konnte. Sie gab gleich zwei Götterkindern das Leben: Artemis, Göttin der Jagd, und Apollon, Gott des Lichtes, der Weisheit, der Jugend, der Dichtkunst und Musik, Schutzherr des Ackerbaus, der Herden und – der Schiffahrt.

Bereits vor 3000 Jahren entstanden Kultstätten für Apollon auf der Insel. Aber auch auf Dionysos treffen wir wieder, der hier in einem kleinen Heiligtum mit besonderen Riten verehrt wurde. Und auch Theseus taucht wieder auf, der den Kranichtanz begründet haben soll, in dem die Landsuche der Leto oder Theseus' Flucht aus dem Labyrinth sinnbildlich dargestellt wurde. Vielerlei Tempel und Opferstätten entstanden, und im Laufe der Jahrhunderte brachten die ausländischen Handelsherren, die sich in der zuletzt von Rom zum Freihafen erklärten Stadt niederließen, ihre eigenen Götter mit. Alles gedieh nebeneinander – nicht immer friedlich. Es ist eine erstaunliche und lange Geschichte, die es über Delos zu erzählen gäbe: von strengen religiösen Bräuchen und glanzvollen, ausschweifenden Festen, von harten, erfolgreichen Geschäften der Reeder und von erbarmungslosen Sklavenhändlern. Sichtbarer Ausdruck des Wohlstandes waren die eleganten Wohnhäuser mit meisterhaften Mosaikfußböden, Säulen und Schmuckwerk aus edelstem Marmor. Wir stehen inmitten der Ausgrabungen und empfinden das Leben in der Zeit der damaligen Blüte nach. Den Hafen, der vom 4. bis 1. Jahrhundert v. Chr. größter Warenumschlagplatz des östlichen Mittelmeeres war, müssen wir uns viel weiter landeinwärts, parallel zu den Gebäudefronten verlaufend und ohne die heutige Mole vorstellen.

Nach der Ermordung der gesamten italischen Bevölkerung und Plünderung der Tempelschätze folgte

▷ *Gemüsetransport mit Kaiki*

▷▷ *Gemüsestand in Tinos*

ΟΠΩΡΟΠΩΛΕΙΟΝ
ΜΑΡΚΟΥ Γ. ΜΕΤΑΞΑ

ein Piratenüberfall nach dem anderen. Die restlichen Bewohner kamen ums Leben oder endeten in der Sklaverei. Im 2. Jahrhundert n. Chr. hielten sich nur noch ein paar Tempelwächter im zerstörten Heiligtum auf. Seitdem blieb die Insel unbewohnt. Für die umliegenden Inseln war Delos zum kostenlosen Vorratslager aller Art von Baumaterial herabgesunken. Auch die Bewohner von Tinos bedienten sich für Kirchenbauten an den marmornen Resten. Was nicht als Baumaterial brauchbar war, landete stückweise in den Kalköfen; und gerade dadurch müssen wertvolle Details vernichtet worden sein, denn Nichttransportables blieb liegen, wie zum Beispiel Basis und Körperteile der neun Meter hohen Apollon-Statue aus Naxos. Von den Löwen aus naxischem Marmor sind nur noch fünf – von ehemals neun oder gar sechzehn – mehr oder weniger gut erhalten. Für die marmorne Badewanne, die verloren im Hafenviertel steht, hatte bei dem chronischen Wassermangel keiner der Inselbewohner Verwendung, wenn sie auch sonst bei der Zweckentfremdung antiker Gegenstände nicht zimperlich waren. Ein Reisender des 18. Jahrhunderts beklagte dies; denn er sah »... Sarkophage, aus denen das Vieh trank« (Pitton de Tournefort).

Zum Abschluß der Inselbesichtigung steigen wir auf den Berg Kynthos. Von dort sehen wir nach allen Seiten auf das bewegte Meer und die umliegenden Inseln. Die freigelegten Stadtteile, das Theater und die Löwenallee sind von oben mit einem Blick zu übersehen. Ein dreieinhalb Quadratkilometer großes Eiland, beladen mit gleißender kultischer und blutiger menschlicher Vergangenheit, liegt zu Füßen des Berges und stimmt uns nachdenklich.

In der Phournibucht ist die antike Stadt unseren Blikken entzogen, nur ein paar Scherben oder Marmorreste in der Nähe des Strandes erinnern an einstige Besiedlung. Selbst bei Anwesenheit mehrerer Yachten ist dies ein sehr empfehlenswerter Ankerplatz. Monika und Martin suchen sich ein paradiesisches Plätzchen im Windschutz der Klippen, Siegfried verkrümelt sich ebenfalls irgendwo zwischen den Felsen. Walter ist im Gegensatz zu den anderen auf der Flucht vor der Sonne. Er findet sie einfach »gräßlich«.

Mykonos

Gegen Abend wird der Wunsch nach Geselligkeit laut, und müßten wir nicht auf Siegfried warten, der von seiner Klippenkletterpartie noch nicht zurückgekehrt ist, so würden wir noch vor dem Abendessen aufbrechen, um nach Mykonos zu segeln. So aber wird es spät, ehe wir den Anker lichten. Der Skipper kennt die Durchfahrt zwischen Rheneia und den Remati-Inseln so gründlich, daß er sich auch in der Dämmerung gut orientieren kann. Er fährt das erste Stück unter Motor. Die Segel wollen wir erst hinter der Enge setzen, denn der Wind kommt hier wieder einmal von vorn.

Obwohl es, von den Böen abgesehen, in der Bucht ganz ruhig war, gibt es draußen gleich wieder Spritzwasser. Monika hat in Erwartung der abendlichen Ausgehfreuden schon einen zauberhaften, durchsichtigen Anzug an und großes Opern-Make-up auf dem Gesicht. Beides erweist sich leider als höchst seewasserunbeständig. Nachdem die äußere Schale restlos dahin ist, schnürt sie die Schwimmweste fester zu, läßt Lidschatten und Wimperntusche über die Wangen laufen und sucht unverdrossen nach Versen, die ungefähr mit den Worten »Prächtig erholt, doch um Jahre gealtert ...« beginnen. Fröhliche Segelfahrt!

Vor Mykonos müssen wir wegen der Klippen noch einen Kreuzschlag zusätzlich machen. So haben wir den dunklen Bergrücken mit den verstreuten Lichtern noch länger im Blickfeld. Schließlich zeigt sich auch die erleuchtete Stadt in voller Ausdehnung. Walters Bemerkung, daß die »Moana« nun wohl mindestens eine Fahrt von neun Knoten hätte, nehmen wir bei seinem beeinträchtigten Gleichgewichtsverhalten nicht tragisch. Immerhin mußten wir nur einen Kreuzschlag machen und haben sieben Seemeilen in zwei Stunden und fünfundzwanzig Minuten zurückgelegt. Wenn der Seegang so ruppig ist wie jetzt, muß man dafür schon dankbar sein. Es ist eine Überlegung wert, ob es besser gewesen wäre, von der Phournibucht aus nach Süden und an der Insel Prasonisia vorbei an die Südseite von Mykonos zu laufen und in den Ormos Ornos zu gehen. Dort ist ein sehr gut geschützter Ankerplatz, und die

Fahrt mit dem Bus in die Stadt dauert höchstens eine Viertelstunde. Jetzt, da wir im Hafen vergebens nach einem geeigneten Liegeplatz suchen, bedauern wir, nicht die andere Route gewählt zu haben.

An der Fortsetzung des Yachtkais liegt ein Versorgungsschiff längsseit, einer jener großen Ägäissegler, die auch bei starkem Wind noch unterwegs sind, während die Linienschiffe ihre Passagiere längst vergeblich warten lassen. Der Kapitän gibt uns entsprechende Zeichen, wir bringen den Anker aus und machen mit dem Heck an den kräftigen hölzernen Belegpollern seines Schiffes fest.

Nun wird es aber Zeit, wenn wir vom Nachtleben in Mykonos noch einiges mitbekommen wollen. Monikas Anzug hat gelitten. Flugs holt sie aus ihrer unergründlichen Reisetasche das nächste flittrige Gewand hervor. Siegfrieds Seesack war während der holprigen Fahrt von seiner Koje heruntergerollt und hatte sich ausgerechnet unter das im Laufe des Sommers undicht gewordene Vorluk gelegt, aus reiner Bosheit, damit alle seine Sachen, die er nicht in den geschützten Kleiderschrank gehängt hatte, endlich naß werden. Grußlos geht er von dannen. Walter aber wird wieder zu leiden haben, diesmal unter der Kaibeleuchtung.

So gute Stimmung herrscht an Bord, als wir endlich unseren Stadtbummel antreten. Wir drängeln uns durch die Gassen, aber das Folklorekonzert in dem lauschigen Gartenlokal ist fast zu Ende, als wir endlich dort sind. Wir bekommen gerade noch die letzten wilden Takte des bekannten Sirtaki von Theodorakis mit, dann packen die beiden Musikanten unbeteiligt ihre Instrumente ein; ihre Arbeitszeit ist beendet.

Im Gänsemarsch ziehen wir weiter durch das Labyrinth der Gassen, die teils düster, dann wieder idyllisch beleuchtet sind. Immer enden sie auf einem kleinen Platz mit einer Kirche, einem Baum oder einer Ansammlung von Tavernen. Hier treffen wir den Kapitän des großen Kaiki wieder, der uns sofort in seine Runde holt und alle nur einigermaßen gargegrillten Hähnchen auftischen läßt. Als Gäste an der Belegklampe seines Schiffes sind wir selbstverständlich auch hier eingeladen. Für die spontane Gastfreundschaft wollen wir uns mit der Bestellung von Wein revanchieren. Aber die Griechen am Tisch trinken nur wenig. Der Kapitän unterhält seine Landsleute mit abenteuerlichen Geschichten und versucht uns einzubeziehen. Es gibt Gelächter über Belangloses, mühseliges Verstehenwollen über die Sprachhindernisse hinweg.

Auf dem Heimweg gehen wir an den lauten Bars schnell vorbei. Ein Lokal jedoch zieht uns an. Es bietet keine »Originalmusik«, kein Programm, sondern läßt Volksmusik aus dem Lautsprecher schallen. Und doch springt hier der Funken der Tanzlust über. Junge Männer erheben sich, einzeln, zu zweit, in Gruppen, beginnen langsam, mit schleifenden Schritten zu tanzen, sie steigern das Tempo, wirbeln herum, während die Gäste ringsum mitklatschen. Immer mehr Menschen sammeln sich an Türen und Fenstern. Sie wippen und klatschen auf der Straße mit, angesteckt vom Rhythmus und der anfeuernden Bewegung. Und dann tanzen auch die Gäste mit, schieben sich in die Reihen der Tänzer, passen sich an, tolpatschig zuerst und dann immer schwungvoller.

Zufällig haben wir unter den vielen aufgeputzten und versnobten Nepplokalen noch einen Ort entdeckt, an dem zwanglose Stimmung herrscht, die von den Einheimischen ausgeht und von Fremden dankbar aufgenommen wird. Selten genug gelingt dies. Die meisten Bars sind Zugeständnisse an den Geschmack der Touristen, die Geld bringen. Wie die einzelnen Interessengruppen »ihren« Vergnügungsschuppen finden, so sortieren sie sich auch an den Stränden nach Gleichgesinnten. Die Strände an der Südküste sind von den Einheimischen seufzend geduldete Tummelplätze ausländischer Freizügigkeit, scherzhaft bis abfällig unterschieden in »Paradies«, dem Gelände der Oben-ohne-Anhänger, »Superparadies«, dem Eldorado der gleichgeschlechtlich Interessierten, und »Hölle«, dem Treffpunkt der ganz und gar hüllenlosen Sonnenanbeter.

Mykonos hat mit Sicherheit den stärksten Fremdenverkehr aller Kykladeninseln, sowohl an Hotelgästen als auch an Privatmietern und Rucksacktouristen. Darüber hinaus kommen noch täglich Hunderte von Besuchern, die aus den Kreuzfahrtschiffen für einige Stunden ausgebootet werden und sich nur in der Stadt aufhalten, wenn sie nicht einen Bootsausflug nach Delos unternehmen. Sie verbreiten die größte Unruhe,

▷ *Seriphos. Bewässerte Felder*

▷▷ *oben links: Postzustellung auf Ios*
oben rechts: Müllesel in Syros
unten: Esel auf Rheneia

ΤΑΧΥΔΡΟΜΕΙΟΝ
ΤΑΧΥΔΡΟΜΙΚΟΝ
ΤΑΜΙΕΥΤΗΡΙΟΝ

in den Gassen, in den Souvenirgeschäften und in den Lokalen. Sie sind bequemes Kundenmaterial, schnell bedient, schnell vergessen; denn sie kommen ja nicht wieder. Sie akzeptieren schales Bier und Limonade in Dosen, lieblos wie auf einem Rummelplatz mit Strohhalm serviert; auch Honigkuchen, der im Kühlfach Zwiebelgeschmack angenommen hat, wird widerspruchslos verzehrt – zu überhöhten Preisen, versteht sich. Für die Gäste, die auf der Insel übernachten, muß man sich schon ein wenig mehr anstrengen; sie könnten ja in der Nähe wohnen und das Restaurant weiterempfehlen.

Daß Mykonos trotz des Touristenansturms so viel Atmosphäre bewahrt hat, ist wie ein Wunder. Ein entscheidender Grund dafür mag sein, daß die Stadt selbst nicht durch störende Hotelbauten entstellt wird. Ganz anders als in Ios, ist das Aussehen der Stadtkulisse von Mykonos unverändert erhalten geblieben. Die modernen Villen und Ferienhäuser außerhalb des Stadtkerns passen sich im Baustil weitgehend der Kykladenarchitektur an, ja bereichern sie noch durch besonders gefällige Beispiele, durch eigenwillige Eingänge oder phantasievolle Schornsteine. Die Grundstücksummauerung ist hier im Gegensatz zu den groben Feldumgrenzungen an der Oberseite verputzt oder mit weiß gekalkten, kleinen Satteldächern befestigt, wodurch schon von weitem der Eindruck der sorgsamen Einfriedung noch gesteigert wird. Bei aller Unregelmäßigkeit ihres Verlaufs geben sie den sanften Hängen in der Nähe der Stadt ein modellartiges Aussehen.

Nach wie vor sind die Gassen sehr romantisch. Schmal und schattig verlaufen sie zwischen den hohen Häuserwänden. Die weiß getünchten Treppenaufgänge mit den in kräftigen Farben gestrichenen Treppengeländern aus Holz sind von Blumentöpfen flankiert und mit Vogelkäfigen behängt. Im Mai sind die Gassen noch frischer, verläuft das Leben geruhsamer und entspannter als jetzt. Frauen sitzen vor den mit Waren vollgestopften Läden, handarbeiten und plaudern über die Straße hinweg miteinander. In den Galerien der ausländischen Künstler ist noch nicht die verkaufsfördernde Hintergrundmusik eingeschaltet, und der zerrupfte, alte Pelikan Pedro läßt sich genießerisch von den noch nicht ausgelasteten Kellnern mit Leckerbissen verwöhnen, während sein jüngerer, viel stattlicherer Kollege am Hafen umherwatschelt. Die Bewohner von Mykonos haben ihn in Reserve für den Fall, das der alte Pelikan sterben sollte. Jeder Tourist soll das versprochene Maskottchen zu sehen bekommen.

Ähnlich ist es mit Kostas Windmühle, der einzigen der ganzen Reihe, die noch voll in Betrieb ist, damit die Fremden gegen Eintrittsgebühr endlich erfahren, wie das Mehl für ihr Brot nicht mehr gemahlen wird, wie gut aber der Müller samt seinem Esel von den Autogrammen leben kann. Sobald Kosta aber anfängt, die Segel der Windmühlenflügel mit Zunehmen des Sommerwindes zu reffen, dann wird es auch im Hafen eng, denn jeder Ägäisreisende möchte Mykonos gesehen haben, und jeder Yachtfahrer will einen der wenigen guten Liegeplätze am Kai erwischen. Dann häufen sich die Rucksäcke um das marmorne Denkmal der Freiheitsheldin Manto Mavrogenous, die mit unveränderlich erstauntem Gesichtsausdruck das Treiben erträgt, das ihr im Vergleich zu den türkischen Überfällen im vorigen Jahrhundert harmlos erscheinen muß. Bewundernswert die Gelassenheit, mit der die Bewohner von Mykonos die Massen der Fremden erdulden. Wir besuchen die Insel nur für kurze Zeit, empfinden aber die ständige Tuchfühlung mit den vielen Menschen in Läden, Bussen und Restaurants als lästig.

Heute sind wir zu später Stunde unterwegs und begegnen so kaum einem Menschen, nachdem wir uns vom Trubel entfernt haben und in großem Bogen um die Stadt gehen, immer am Meer entlang, vorbei an der eigenartig geformten Kirche Paraportiani. Mehrere Kapellen, Gewölbe, Giebel und Glockenträger sind hier zu einem einzigen Bauwerk zusammengewachsen. Dieses verschachtelte Mauerwerk verleitet dazu, immer wieder rundherumzugehen und nach der eigentlichen Kirche zu suchen. Doch obwohl sie in ihrer zerbröckelten und erneut geglätteten Unvollkommenheit wie ein übertünchtes Bollwerk wirkt, ist sie das seltsamste Beispiel eines kykladischen Kirchenbaues und aus dem Stadtbild von Mykonos nicht wegzudenken.

Nach der nächtlichen Stadtbesichtigung beeilen wir uns, die »Moana« zu erreichen. Der Wind läßt die frei ankernden Fischerboote auf und ab tanzen und treibt die quer zur Windrichtung liegenden Yachten arg hin und her. Die am Nordkai festgemachten Sportboote sind entschieden besser dran, obwohl sich auch hier die verschiedenen Geräusche zu einem absonderlichen Konzert verbinden, das die ganze Nacht über nicht verstummen will: Da klappern Fallen um die Wette, dort quietschen Festmacher in unregelmäßigem Takt, in den Salings knattern Flaggen, und zwischen den Booten scheuern die Fender leise, aber unaufhörlich. Zu allem schlürft und schmatzt das unruhige Hafenwasser an Bootsrümpfen und Kaimauern. An die Außenseite der Mole donnert die Brandung mit dumpfen Schlägen und spritzt feinen Gischt über die Brüstung, der im Licht der Kailaternen in glitzernden Schauern zersprüht. Unverändert liegt die »Moana« am Kaiki fest. Siegfried war inzwischen noch nicht an Bord gewesen.

Auch frühstücken müssen wir am nächsten Morgen ohne seine Gesellschaft. Draußen am Kai stehen die Segler schon wieder in verdächtigen Grüppchen beisammen. Der Wind hat weiter zugenommen. Das wird ein herrlicher, sonniger – Hafentag.

Plötzlich ist Siegfried wieder da. So temperamentvoll kennen wir ihn noch gar nicht. Er sieht aus, als ob er die ganze Nacht die aufgespeicherte Unzufriedenheit genährt hätte. Hastig stopft er die restlichen trockenen Sachen in seinen klammen Seesack, wirft Geld für die Bordverpflegung auf den Tisch. Mit seiner vorbereiteten Rede ist er schnell fertig: »Das ist Profisegeln und kein Urlaub. Ich mache nicht mehr mit. Ich steige aus.« Einwände, Fragen – ohne Reaktion. Er geht. Nun hat er's uns gegeben! Wenn wir die letzten Tage mit seinen Augen betrachten, müssen wir ihm sogar recht geben. Zuerst die Seekrankheit vor Kea mit allen jämmerlichen Begleiterscheinungen, die nasse Fahrt vor Andros, ein kleiner Sturm vor Tinos, das Schuldgefühl wegen der über Bord gegangenen Kurbel, die anstrengende Wallfahrt, ein sündhaft teures Essen, fast eine Harzvergiftung mit Retsina, ein deprimierendes Eselsskelett und schließlich noch den Seesack voll Wasser. Kein Erfolgserlebnis. Ich kann ihn verstehen. Er hatte keine Freude am Segeln in den Kykladen.

Ein wenig bedrückt gehen wir zur Tagesordnung über. Gerd muß zunächst an Bord bleiben; falls das Kaiki ablegen will, muß er die Heckleinen an den Kai verholen und die Ankerkette fieren. Martin, Monika und Walter wollen sich das Museum anschauen, das nicht weit von unserem Liegeplatz entfernt ist. Dort ist neben vielen anderen Fundstücken vor allem ein großer Vorratskrug aus dem 7. Jahrhundert v. Chr. sehenswert, den ein Relief schmückt, auf dem deutlich das Trojanische Pferd samt den dazugehörenden Helden zu erkennen ist.

Mein Einkaufsbummel wird jäh durch eine Entdekkung gestoppt: Auf dem flach auslaufenden Ufer, direkt vor der breiten Promenade, liegt, halb im Sand vergraben, einer unserer Autoreifenfender. An dem farbigen Stoffbezug erkenne ich ihn auf Anhieb. Wer hat da wieder einen falschen Knoten gemacht? Im Laufe der Nacht muß der Fender auf den kleinen Strand zugetrieben sein und wurde vom aufgewirbelten Sand inzwischen fast verschüttet. Gewiß macht sich mancher Vorbeigehende seine Gedanken darüber, warum ich hier – Schuhe und Taschen in sicherer Entfernung abgestellt – barfuß im Wasser stehe, meine Jeans von der ankommenden Dünung bis über die Knie durchnässen lasse und mit den Händen einen Fender aus dem festen Sand scharre. Soll ich aus falscher Scham auf das gute, unentbehrliche Stück verzichten? Lieber gönne ich den Passanten die kleine Sondervorstellung . . .

Mag die Stadt Mykonos ihre Besucher noch so sehr begeistern, wirklich beeindruckend ist sie erst, wenn man sie aus einiger Höhe betrachtet. Das friedliche Rund des Hafens und die sauberen, eng aneinandergebauten Häuser der Innenstadt und der Windmühlenhügel, das ist ein unvergeßliches Panorama. – Bis nach Tinos hinüber reiht sich eine blendendweiße Schaumkrone an die andere. Zwischen ihnen ist das Meer in der Nähe intensiv blau, in der Ferne wirkt es weiß, und wir erkennen nicht, wo See und Himmel ineinander übergehen.

Wir wollen die Eigenart der ganzen Insel kennenlernen, nicht nur die Stadt und ihre nächste Umgebung. Mit dem Bus fahren wir ein Stück ins Inselinnere. Unterwegs sind wir beeindruckt von der Kargheit des Bodens. Von diesem Mykonos schwärmt kein Tourist: glatte Felsenbuckel aus Gneis und Granit ohne jeden Bewuchs. Der Sage nach hat Poseidon sie hierhergeschleudert und damit die Giganten zerschmettert. Taubengrau ist der Stein, erbarmungswürdig nackt. Bruchsteinmauern schließen an, ebenso grau, sie zerteilen das Land in ein verwirrendes Labyrinth aus ungleich großen Quadraten, Trapezen, Ovalen. Stei-

▷ *Tinos. Prozession zum Fest Mariä Himmelfahrt*

▷▷ *oben links: Tinos. Schlafende Wallfahrer*
oben rechts: Tinos. Pilgerinnen auf dem Weg zur Kirche
unten links: Tinos. Pope am Rande der Prozession
unten rechts: Tinos. Pope verkauft Süßigkeiten

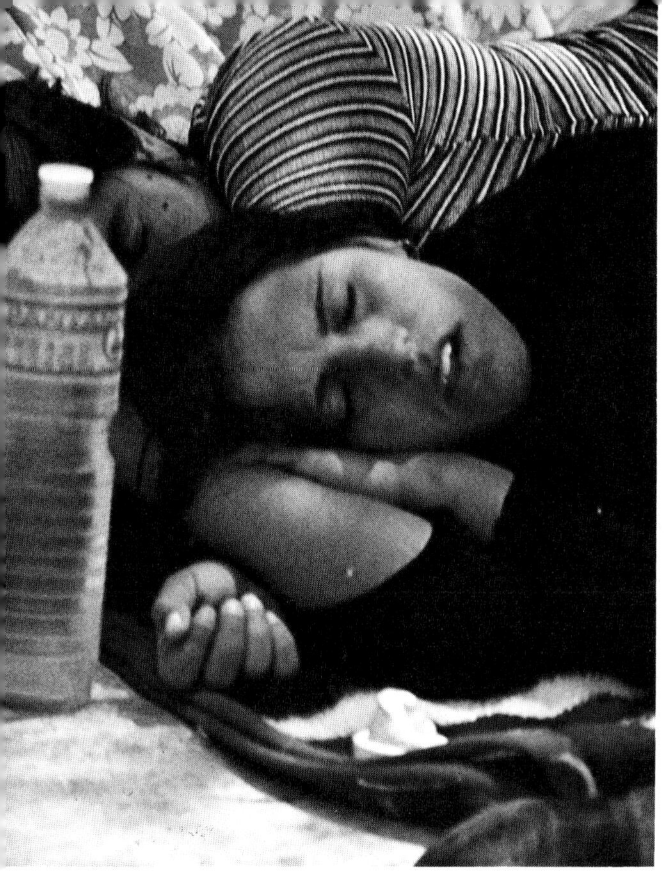

nige Wege führen zu Bauernhöfen. Auch sie sind mit Mauern umschlossen. Das helle Grau des Gesteins ist der vorherrschende Farbton. Trotzdem ist die Landschaft nicht eintönig. Zwischen den Mauern zeigen sich fahlgelbe, keinesfalls üppige Gerstenfelder, ausgedörrte Brachflächen und winzige grüne Oasen: Obst- und Weingärten. Die Gehöfte liegen weit auseinander. Würfelförmig ist das Haupthaus, kleinere Häuserwürfel scharen sich darum, je nach Bedarf. Die Dächer sind zur Mitte hin leicht vertieft. Jeder Regentropfen, der auf sie trifft, wird in der Zisterne gesammelt. Wenn es nicht regnet, werden auf den Dächern Zwiebeln und Bohnen in der Sonne getrocknet, ohne daß sie der Wind wegblasen kann. Wohnhäuser, Ställe, Zisternen, Taubenhäuser – alles ist so weiß gekalkt, daß mir bald die Augen schmerzen. Und überall stehen Kapellen. Sie sind mit besonderer Sorgfalt gepflegt. Wie Wächter an Feldrainen und zwischen Anbauflächen wirken sie – Lichtblicke in der Steinlandschaft.

Welche Gegensätze birgt Mykonos: die lebendige, romantische Stadt mit ihrer operettenhaften Unbekümmertheit und die bittere, graue Realität blanker Felsen und kärglichen Ackerlandes, das nur dürftige Erträge bringt, im Inneren der Insel. Wir sind erschüttert. Nicht weit im Hafen Kreuzfahrtschiffe voll Menschen, die im Überfluß leben, eine Stadt voll sorgloser Touristen, und hier bittere Armut unter stechender Sonne, in unaufhörlichem Wind.

Läge nicht Ano Mera auf halbem Wege, wir könnten die ganze Insel durchwandern und träfen kaum auf einen Fremden. Die nach Norden völlig ungeschützte Bucht Panormos, klippenreich und der Brandung ausgesetzt, hat unzählige Badeplätze. Als Ankerplatz für Yachten ist sie die längste Zeit des Jahres nicht brauchbar. Aber an der Südostküste gibt es einige Ankerplätze mit Sandgrund, die einen angenehmen und ungestörten Aufenthalt versprechen. Mit der Versorgung hapert es allerdings, denn der Fußweg bis Ano Mera ist weit. Dort laden einige schattige Tavernen zur Rast ein, und im alten Kloster gibt es malerische Winkel zu entdecken. Fernab vom Hafen und von der Hektik des Fremdenverkehrs ist sogar auf Mykonos die Welt noch in Ordnung.

Abschied für dieses Jahr

Genauso wie Mykonos kann jede andere Kykladeninsel gegensätzliche Eindrücke vermitteln. Es kommt ganz darauf an, was sich der Besucher ansieht, was ihn interessiert, wieviel Zeit er sich nimmt und aus welchem Blickwinkel er das eine oder andere betrachtet. Immer wieder habe ich festgestellt, daß Segler und auch andere Urlauber gerade von dieser Inselgruppe und aus diesem Seegebiet die unterschiedlichsten Eindrücke mit nach Hause genommen haben. Die Jahreszeit, die augenblickliche Verfassung, das Wetter und die Stunde des Tages lassen eine Insel, einen Hafen, eine Stadt und auch das Segeln in einem ganz bestimmten Licht erscheinen. Alle diese Umstände spielen dabei mit, wenn die See einmal schwarz und unergründlich erscheint, ein anderes Mal durchsichtig und voll Sonne, gurgelnd und kochend oder träge wie Blei, wenn die Inseln pastellfarben schon von weitem lokken oder schroff ihre Felsküsten zeigen.

»Sie haben den schönsten Sonnenuntergang erlebt!« sagte ein griechischer Reiseführer, als er seine Schäflein um sich versammelt hatte. Gewiß sagt er das bei jedem abendlichen Besuch des Poseidontempels am Kap Sounion, ganz gleich, ob der Sonnenuntergang klar und glutvoll oder blaß und verhangen war. Aber hat der Fremdenführer nicht recht? Ist nicht jeder Sonnenuntergang in seiner Art der schönste?

Jede Kykladeninsel bleibt durch das persönliche Erleben unverwechselbar in Erinnerung. Gerade weil Gerd und ich auf unseren Fahrten viele Plätze wiederholt besucht haben, sind wir in unserem Urteil, aber auch in unserer Begeisterung zurückhaltender geworden. Ein Urlaubsparadies ohne Makel ist wohl nirgends mehr zu finden. Deshalb sind wir dankbar für die schönen Segelreviere in leicht erreichbarer Nähe.

▷ *Delos. Blick vom Berg Kynthos*

Wind ist in den Sommermonaten der ständige Begleiter durch die Ägäis. Doch plötzlich hat er ausgeweht, ist müde geworden. Meistens Mitte September setzt mit einem Paukenschlag der Herbst ein, bringt heftige Gewitterregen, wechselhafte Winde, gelegentlich auch einen Südsturm, aber immer noch heiße Tage, nach denen die kühlen Nächte als wohlig empfunden werden. Nach den Regengüssen beginnen die Inseln zu grünen, die ausgedörrte Erde erwacht zu neuem Leben. Jetzt ist das Segeln hier ein besonderer Genuß. Die Häfen leeren sich, die Tavernenwirte werden wieder gesprächiger. Alles ist anders. Aber es dauert nicht lange, dann packen wir unseren Seesack für die Heimreise. Die »Moana« hat den winterlichen Stall verdient; auch ein paar kleinere Wunden hat sie zu lecken.

Mit den Erlebnissen einer schönen Segelsaison nehmen wir Monikas Gedicht mit nach Hause, das sie uns ins Gästebuch geschrieben hat und das mit dem Reim endet:

»Wunderschön ist die Ägäis,
wenn man wetterfest und zäh is'.«

EUBÖA
ATHEN
Tourkolimano
Zea
Kalamaki
Glyphada
Vouliagmeni
ÄGINA
MAKRONISOS
ATTIKAKÜSTE
Kap Sounion
ANDROS
Gavrion
Batsi
Andros
Korthion
Orgias
Leivadion
KEA
Kalydonychi
Pisa
Polais
Panormos
TINOS
Tinos
SYROS
Megas Lakkos
Kynion
Syros
Gaidaros
Phoinikos
RHENEIA
Loutra
Mericha
A. Stephanos
YDRA
KYTHNOS
SERIPHOS
Leivadion
Paros
A. Georgios
ANTIPAROS
PAR
Kamarais
Kastro
SIPHNOS
Vathy
Platys Gialos
DESPOTIKO
KIMOLOS
MILOS
Psathi
ANTIMILOS
Glaronissia
POLYAIGOS
Adamas
SIKINOS
PHOLEGANDROS
Vathy
Karavostasi
Nea
P. Kam